# Trait d'union

**MÉTHODE DE FRANÇAIS POUR MIGRANTS**

**1**

THOMAS IGLÉSIS
CLAIRE VERDIER
ANNIE-CLAUDE MOTRON
LUCILE CHARLIAC

Et...
MARIELA DE FERRARI
*Auteur des pages "Portraits"*

**CLE International**

Direction de la production éditoriale : Béatrice Rego
Marketing : Thierry Lucas
Édition : Christine Grall
Couverture : Lucia Jaime
Maquette intérieure : Lucia Jaime
Mise en page : A.M.G.
Iconographie : Marie-Christine Petit – Clémence Zagorski
Illustrateurs :
  BD : Ronaldo Graça
  Coloriste : Anne-Marie Ducasse
  Dessins : François Dimberton
© CLE International : Paris, 2012
ISBN : 978-209-038652-3

# AVANT-PROPOS

La méthode **Trait d'Union**, sur deux niveaux, s'adresse principalement à **des adultes débutants en français, peu ou non scolarisés** dans leur pays d'origine. Elle permet de couvrir de 100 à 150 heures de formation, soit en cours extensifs, soit en cours intensifs, et vise prioritairement **l'acquisition d'une compétence de communication orale. Dans cette nouvelle édition**, le livre de l'élève comprend un CD audio au format MP3 et s'accompagne d'un *Cahier d'entraînement aux épreuves du DILF A1.1 et du DELF A.1*, ainsi que d'un *Guide pédagogique* rendu plus directement utilisable grâce à l'introduction de boîtes à outils DILF A1.1 et **d'épreuves blanches photocopiables** du DILF A1.1 et du DELF A1.

**Avec l'ajout d'indications de niveau (A1.1 ou A1) par activité,** la *2ᵉ édition de Trait d'union 1* est particulièrement adaptée aux formations dispensées dans le cadre du **contrat d'accueil et d'intégration** et prépare utilement au DILF A1.1, ainsi qu'au DELF A1 pour certaines activités.

Les compétences acquises au fil des unités permettent aux apprenants de faire face le plus rapidement et le plus efficacement possible à des situations variées, auxquelles ils sont couramment confrontés.

Les dialogues mettent en scène des personnages de niveaux socioculturels différents, qui apparaissent de façon récurrente tout au long du manuel.

Fenêtre ouverte sur la société française, **Trait d'Union** permet ainsi de présenter **une langue authentique dans différents registres et affranchie de toute norme.**

**Aujourd'hui rénovée avec, notamment, l'actualisation des documents et des chiffres et une introduction discrète mais efficace de la grammaire,** la méthode est constituée de 12 unités, comportant chacune :

- une page d'introduction illustrée par des documents iconographiques variés, qui permet aux stagiaires de se sensibiliser à la thématique de l'unité et de commencer à s'exercer en expression orale.

- une séquence « En direct », qui propose une saynète sous la forme d'une bande dessinée. Cette BD est suivie d'activités, qui permettent de **reprendre et d'approfondir les actes de langage contenus dans les dialogues.**

- une séquence « Pratique » qui comprend une page à dominante oral et une page à dominante écrit.

    À l'oral, la rubrique « Sur le vif » transpose les actes de communication abordés précédemment à d'autres contextes, et donne ainsi aux apprenants les clés pour **agir adéquatement dans des situations déterminées.**

    La partie intitulée « Rythme et sons » introduit, par des exercices spécifiques, au rythme et à l'intonation (travail sur l'égalité syllabique, l'accentuation et la musique des phrases françaises) ; on y trouve également des activités sur les sons caractéristiques du français ainsi que sur les difficultés dues aux différents phénomènes de continuité, en particulier la liaison.

    À l'écrit, les activités visent à **donner aux stagiaires une réelle autonomie** vis-à-vis des documents administratifs ou informatifs.

- une séquence « Découverte » qui, grâce à des documents visuels pertinents, permet aux stagiaires de **se construire de véritables repères culturels**.

- une rubrique « Portraits », qui présente des témoignages de personnes qui ont fait l'expérience de situations liées à la migration.

Une série d'évaluations ponctue le manuel toutes les trois unités pour permettre aux stagiaires et aux formateurs de faire le bilan des acquisitions.

Un précis grammatical élargi accessible à tous, clair et pratique, **avec le renvoi aux exercices du livre,** est proposé en fin d'ouvrage.

Ainsi conçus, *Trait d'Union* 1 et 2 s'inscrivent dans l'enseignement-apprentissage du Français Langue d'Intégration et répondent aux besoins langagiers et culturels des migrants installés en France.

# MODE D'EMPLOI

## Page d'introduction pour lancer le thème

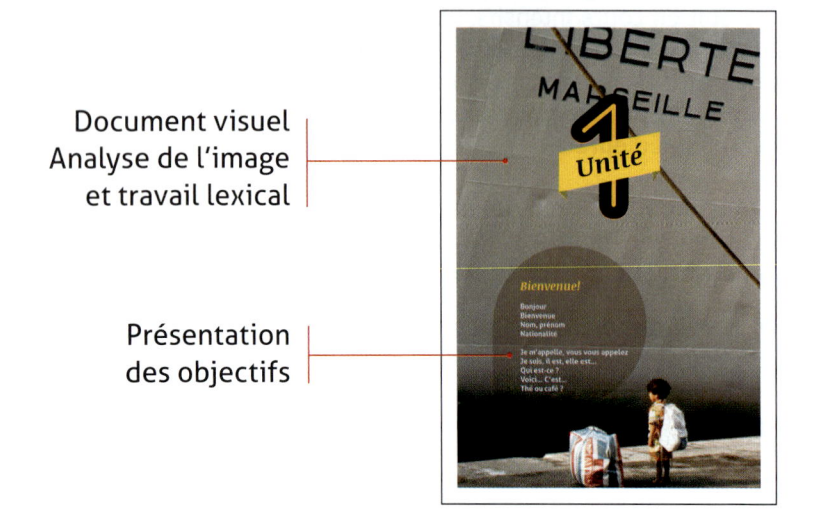

Document visuel
Analyse de l'image
et travail lexical

Présentation des objectifs

## Séquence « En direct »

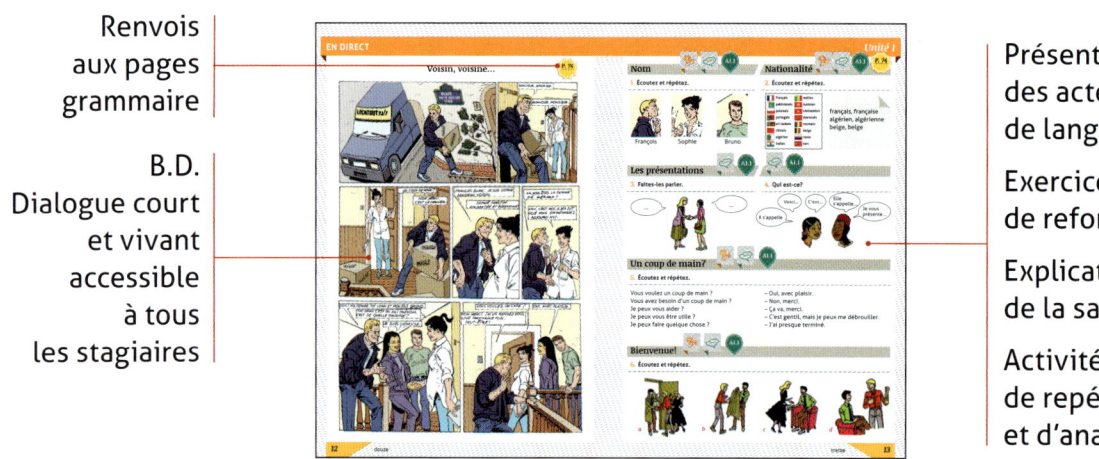

Renvois aux pages grammaire

B.D.
Dialogue court et vivant accessible à tous les stagiaires

Présentation des actes de langage

Exercices de reformulation

Explication de la saynète

Activités de repérage et d'analyse

## Séquence « Pratique »

« Sur le vif » transposition des actes de langage à d'autres contextes

Rythme et sons

Repérage DILF et DELF

Documents écrits en relation avec le thème de l'unité

4 quatre

## Séquence « Découverte »

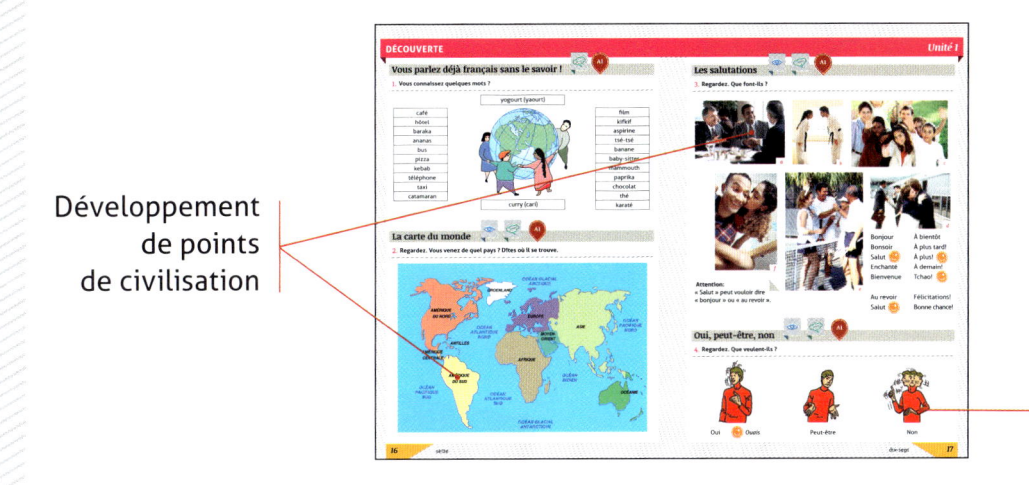

Développement de points de civilisation

Présentation de gestes et de mimiques

## Page « Portraits »

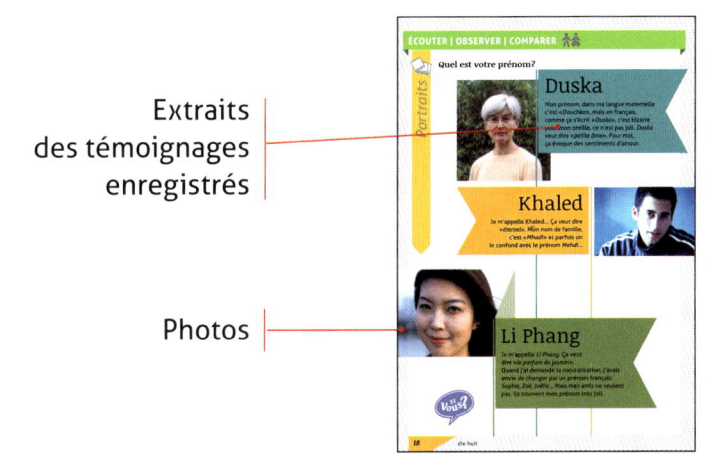

Extraits des témoignages enregistrés

Photos

Dans le guide pédagogique : des ressources utiles, des jeux de rôle et des « boîtes à outils » pour aller plus loin…

## Principales consignes

Écoutez

Répétez, parlez

P. 116 Grammaire — se reporter à la page indiquée

Regardez

Langage familier : à n'utiliser qu'en famille ou entre amis

A1.1 activité DILF

Écrivez

A1 activité DELF

*Unité = 8 pages*

cinq 5

# POUR VOUS AIDER

- Une trousse
- Des stylos
- De la colle
- Une gomme
- Un classeur
- Un cahier
- Des intercalaires
- Un sac
- Des feuilles blanches
- Un manuel

- Il est en retard
- Elle ferme la porte
- Elle sort ses affaires
- Elle s'installe
- Il est prêt

# POUR VOUS AIDER

Il écrit au tableau

Elle écoute

Elle lève la main

Il écrit

Ils discutent

- Ils boivent un café
- Elle regarde l'affiche
- Elle lit
- Elle téléphone
- Ils bavardent

# POUR VOUS AIDER

## L'alphabet

| A | B | C | D | E | F | G | H | I | J | K | L | M | N | O | P | Q | R | S | T | U | V | W | X | Y | Z |
|---|---|---|---|---|---|---|---|---|---|---|---|---|---|---|---|---|---|---|---|---|---|---|---|---|---|
| a | b | c | d | e | f | g | h | i | j | k | l | m | n | o | p | q | r | s | t | u | v | w | x | y | z |
| *a* | *b* | *c* | *d* | *e* | *f* | *g* | *h* | *i* | *j* | *k* | *l* | *m* | *n* | *o* | *p* | *q* | *r* | *s* | *t* | *u* | *v* | *w* | *x* | *y* | *z* |

## Les nombres

| | | | | | | | |
|---|---|---|---|---|---|---|---|
| 0 | zéro | 25 | vingt-cinq | 50 | cinquante | 75 | soixante-quinze |
| 1 | un | 26 | vingt-six | 51 | cinquante et un | 76 | soixante-seize |
| 2 | deux | 27 | vingt-sept | 52 | cinquante-deux | 77 | soixante-dix-sept |
| 3 | trois | 28 | vingt-huit | 53 | cinquante-trois | 78 | soixante-dix-huit |
| 4 | quatre | 29 | vingt-neuf | 54 | cinquante-quatre | 79 | soixante-dix-neuf |
| 5 | cinq | 30 | trente | 55 | cinquante-cinq | 80 | quatre-vingt(s) |
| 6 | six | 31 | trente et un | 56 | cinquante-six | 81 | quatre-vingt-un |
| 7 | sept | 32 | trente-deux | 57 | cinquante-sept | 82 | quatre-vingt-deux |
| 8 | huit | 33 | trente-trois | 58 | cinquante-huit | 83 | quatre-vingt-trois |
| 9 | neuf | 34 | trente-quatre | 59 | cinquante-neuf | 84 | quatre-vingt-quatre |
| 10 | dix | 35 | trente-cinq | 60 | soixante | 85 | quatre-vingt-cinq |
| 11 | onze | 36 | trente-six | 61 | soixante et un | 86 | quatre-vingt-six |
| 12 | douze | 37 | trente-sept | 62 | soixante-deux | 87 | quatre-vingt-sept |
| 13 | treize | 38 | trente-huit | 63 | soixante-trois | 88 | quatre-vingt-huit |
| 14 | quatorze | 39 | trente-neuf | 64 | soixante-quatre | 89 | quatre-vingt-neuf |
| 15 | quinze | 40 | quarante | 65 | soixante-cinq | 90 | quatre-vingt-dix |
| 16 | seize | 41 | quarante et un | 66 | soixante-six | 91 | quatre-vingt-onze |
| 17 | dix-sept | 42 | quarante-deux | 67 | soixante-sept | 92 | quatre-vingt-douze |
| 18 | dix-huit | 43 | quarante-trois | 68 | soixante-huit | 93 | quatre-vingt-treize |
| 19 | dix-neuf | 44 | quarante-quatre | 69 | soixante-neuf | 94 | quatre-vingt-quatorze |
| 20 | vingt | 45 | quarante-cinq | 70 | soixante-dix | 95 | quatre-vingt-quinze |
| 21 | vingt et un | 46 | quarante-six | 71 | soixante et onze | 96 | quatre-vingt-seize |
| 22 | vingt-deux | 47 | quarante-sept | 72 | soixante-douze | 97 | quatre-vingt-dix-sept |
| 23 | vingt-trois | 48 | quarante-huit | 73 | soixante-treize | 98 | quatre-vingt-dix-huit |
| 24 | vingt-quatre | 49 | quarante-neuf | 74 | soixante-quatorze | 99 | quatre-vingt-dix-neuf |

| | | | | | |
|---|---|---|---|---|---|
| 100 | cent | 1000 | mille | 1000 | mille |
| 200 | deux cents | 2000 | deux mille | 10 000 | dix mille |
| 300 | trois cents | 3000 | trois mille | 100 000 | cent mille |
| 400 | quatre cents | 4000 | quatre mille | 1 000 000 | un million |
| 500 | cinq cents | 5000 | cinq mille | 10 000 000 | dix millions |
| 600 | six cents | 6000 | six mille | 100 000 000 | cent millions |
| 700 | sept cents | 7000 | sept mille | 1 000 000 000 | un milliard |
| 800 | huit cents | 8000 | huit mille | | |
| 900 | neuf cents | 9000 | neuf mille | | |

# Unité 1

## Bienvenue!

**Bonjour
Bienvenue
Nom, prénom
Nationalité**

**Je m'appelle, vous vous appelez
Je suis, il est, elle est…
Qui est-ce ?
Voici… C'est…
Thé ou café ?**

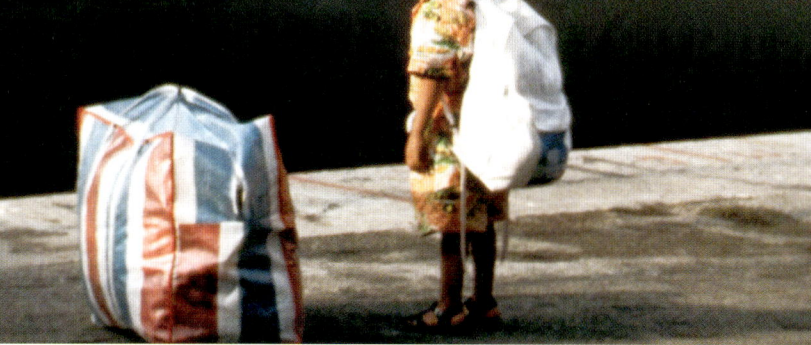

# EN DIRECT

## Voisin, voisine...

P. 116 *Grammaire*

**Panel 1:** PLACE DU 14 JUILLET 1789 — LOCATOUT 7J/7

**Panel 2:**
— BONJOUR MADAME.
— BONJOUR MONSIEUR.
3ème ÉTAGE

**Panel 3:**
— UN COUP DE MAIN ?
— NON, MERCI, C'EST LE DERNIER.

**Panel 4:**
— FRANÇOIS BLANC. JE SUIS VOTRE NOUVEAU VOISIN.
— SOPHIE MARTIN. ENCHANTÉE ET BIENVENUE !

**Panel 5:**
— AH, VOUS ÊTES LA FEMME DE GÉRARD ?
— OUI, C'EST MOI. IL M'A DIT QUE VOUS EMMÉNAGIEZ AUJOURD'HUI.

**Panel 6:**
— VOICI MA FEMME THI LOAN ET MON FILS BRUNO.
— THI LOAN C'EST UN JOLI PRÉNOM, C'EST DE QUELLE ORIGINE ?
— JE SUIS CHINOISE.

**Panel 7:**
— VOUS VOULEZ UN CAFÉ ?
— OUI, AVEC PLAISIR.
— NON, MERCI, J'AI UN RENDEZ-VOUS. UNE PROCHAINE FOIS, PEUT-ÊTRE !

12   douze

# Unité 1

## Nom

**1.** Écoutez et répétez.

François  Sophie  Bruno

## Nationalité

**2.** Écoutez et répétez.

| | | | |
|---|---|---|---|
| | Français | | malien |
| | pakistanais | | tunisien |
| | polonais | | vietnamien |
| | portugais | | marocain |
| | sri-lankais | | roumain |
| | chinois | | belge |
| | algérien | | russe |
| | indien | | turc |

français, française
algérien, algérienne
belge, belge

## Les présentations

**3.** Faites-les parler.

...

...

**4.** Qui est-ce?

Voici…
C'est…
Elle s'appelle…
Il s'appelle
Je vous présente…

## Un coup de main?

**5.** Écoutez et répétez.

Vous voulez un coup de main ?
Vous avez besoin d'un coup de main ?
Je peux vous aider ?
Je peux vous être utile ?
Je peux faire quelque chose ?

– Oui, avec plaisir.
– Non, merci.
– Ça va, merci.
– C'est gentil, mais je peux me débrouiller.
– J'ai presque terminé.

## Bienvenue!

**6.** Écoutez et répétez.

*1*  *2*  *3*  *4*

treize 13

# PRATIQUE

## Sur le vif  A1.1

**1.** Regardez et écoutez. Où ont été prises ces photos?
Comment s'appellent ces personnes?

## Rythme et sons

**1. Écoutez et cochez ce que vous entendez.**

|  | Exemple | 1 | 2 | 3 | 4 | 5 | 6 | 7 | 8 | 9 | 10 |
|---|---|---|---|---|---|---|---|---|---|---|---|
| Réponse ↘ . |  |  |  |  |  |  |  |  |  |  |  |
| Réponse ↗ ? | X |  |  |  |  |  |  |  |  |  |  |

**2. Répétez la question et la réponse.**

1. François est français ?   – Oui, **i**l est français.
2. Thi Loan est chinoise ?   – Oui, **e**lle est chinoi**s**e.

3. Youssopha est malien ?   – Oui, **i**l est malien.
4. Ha est vietnamienne ?   – Oui, **e**lle est vietnami**enn**e.

5. Igor est russe ?   – Oui, **i**l est russe.
6. Sevda est turque ?   – Oui, **e**lle est tur**qu**e.

**3. Répétez.**

| | | |
|---|---|---|
| 1. Un café ? | – Oui, un. (1) | – Un euro. |
| 2. Deux cafés ? | – Oui, deux. (2) | – Deux euros. |
| 3. Trois cafés ? | – Oui, trois. (3) | – Trois euros. |
| 4. Quatre cafés ? | – Oui, quatre. (4) | – Quatre euros. |
| 5. Cinq cafés ? | – Oui, cinq. (5) | – Cinq euros. |
| 6. Six cafés ? | – Oui, six. (6) | – Six euros. |
| 7. Sept cafés ? | – Oui, sept. (7) | – Sept euros. |
| 8. Huit cafés ? | – Oui, huit. (8) | – Huit euros. |
| 9. Neuf cafés ? | – Oui, neuf. (9) | – Neuf euros. |
| 10. Dix cafés ? | – Oui, dix. (10) | – Dix euros. |
| 11. Onze cafés? | – Oui, onze. (11) | – Onze euros. |

14 quatorze

# Unité 1

## Les papiers d'identité

**2. Qu'est-ce que c'est ?**

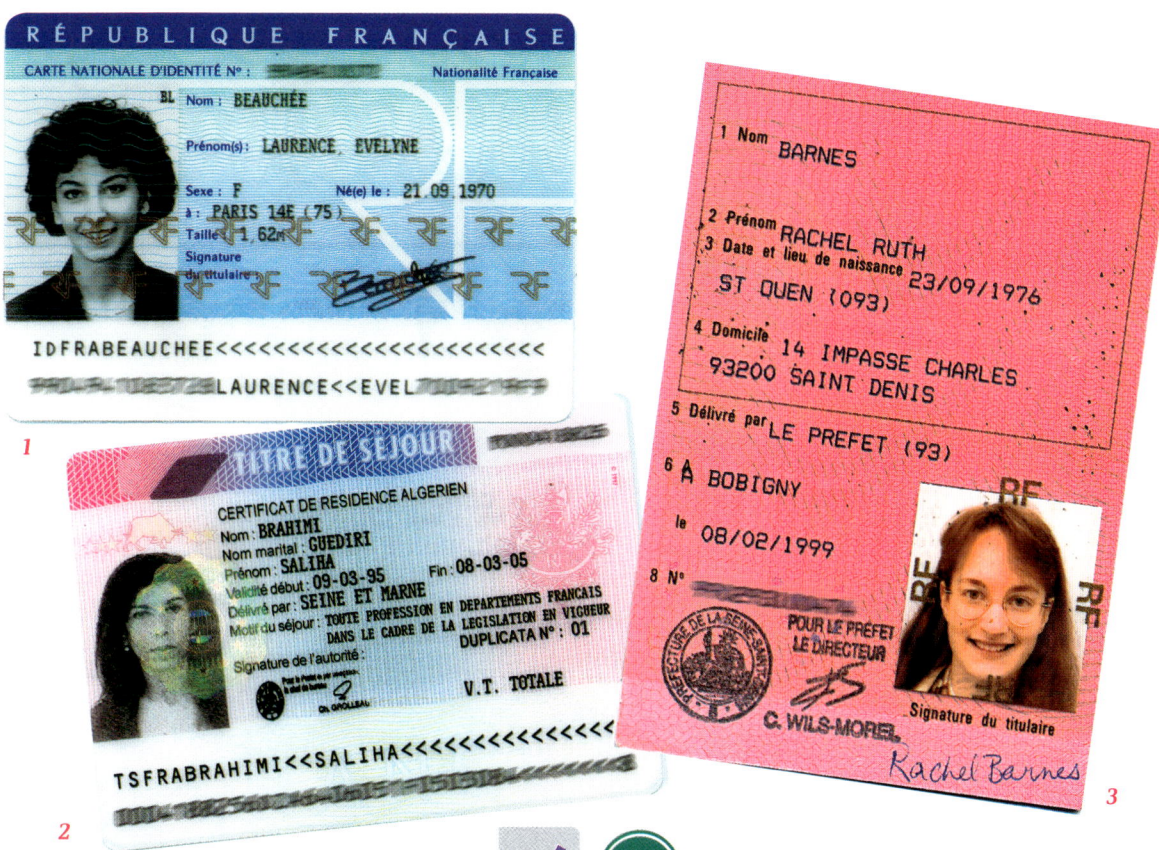

*1*

*2*

*3*

## Remplir un formulaire

**3. Complétez.**

**4. À vous.**

M. / Mme / Mlle[1]   NOM[2] : _____   PRÉNOM : _____
N° : _____   RUE : _____
ÉTAGE : _____
CODE POSTAL : _____   VILLE : _____
Tél. : _____

NÉ(E) LE : _____   À : _____
NATIONALITÉ : _____

SITUATION DE FAMILLE : célibataire / marié(e) / divorcé(e) / veuf, veuve[1]

PROFESSION : _____   SIGNATURE :

Cherchez dans la presse ou dans votre courrier d'autres formulaires et remplissez-les.

*Et Vous ?*

1. Rayer les mentions inutiles
2. Écrire en lettres majuscules

quinze **15**

# DÉCOUVERTE

## Vous parlez déjà français sans le savoir !

**A1**

1. Vous connaissez quelques mots ?

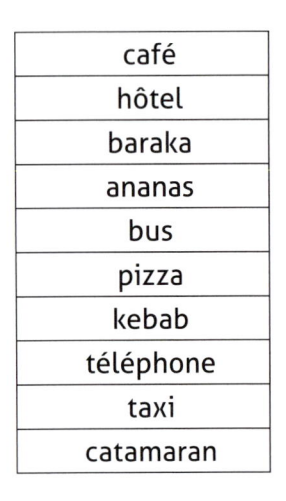

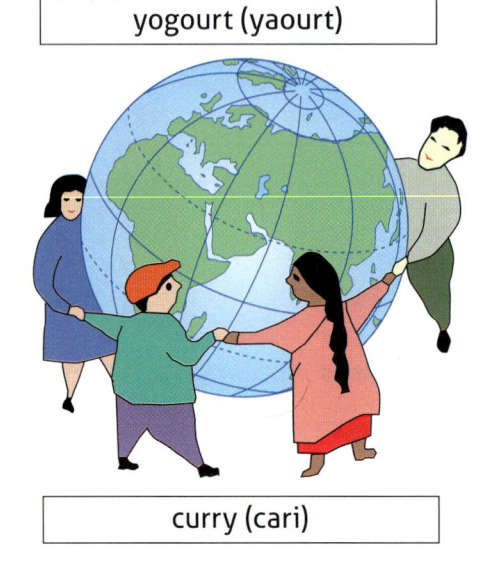

yogourt (yaourt)

| café |
| hôtel |
| baraka |
| ananas |
| bus |
| pizza |
| kebab |
| téléphone |
| taxi |
| catamaran |

| film |
| kifkif |
| aspirine |
| tsé-tsé |
| banane |
| baby-sitter |
| mammouth |
| paprika |
| chocolat |
| thé |
| karaté |

curry (cari)

## La carte du monde

**A1**

2. Regardez. Vous venez de quel pays ? Dites où il se trouve.

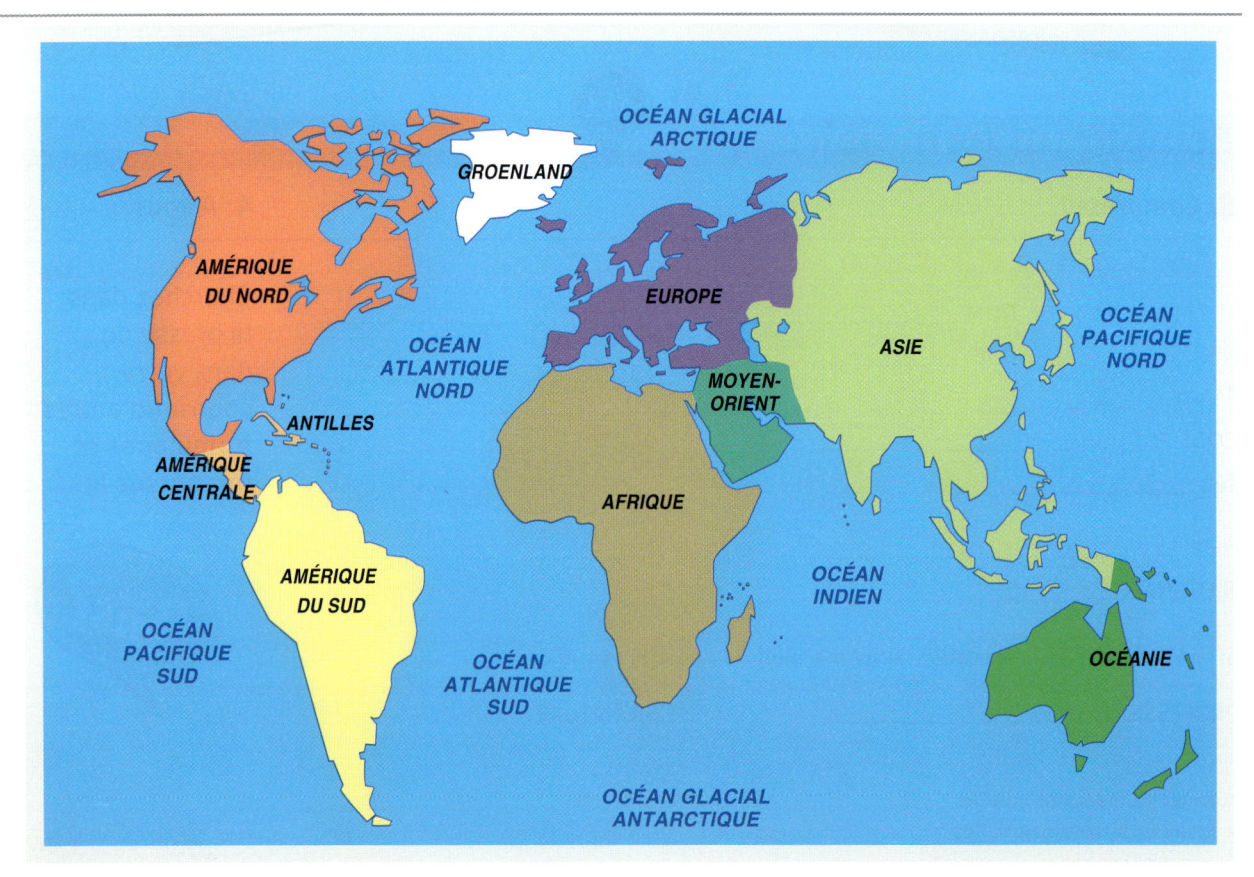

- OCÉAN GLACIAL ARCTIQUE
- GROENLAND
- AMÉRIQUE DU NORD
- EUROPE
- ASIE
- OCÉAN PACIFIQUE NORD
- OCÉAN ATLANTIQUE NORD
- MOYEN-ORIENT
- ANTILLES
- AMÉRIQUE CENTRALE
- AFRIQUE
- AMÉRIQUE DU SUD
- OCÉAN INDIEN
- OCÉAN PACIFIQUE SUD
- OCÉAN ATLANTIQUE SUD
- OCÉANIE
- OCÉAN GLACIAL ANTARCTIQUE

16 seize

# Unité 1

## Les salutations

**3.** Regardez. Que font-ils ?

a

b

c

d

e

f

Bonjour
Bonsoir
Salut 😊
Enchanté
Bienvenue

À bientôt
À plus tard!
À plus! 😊
À demain!
Tchao! 😊

Au revoir
Salut 😊

Félicitations!
Bonne chance!

**Attention:**
« Salut » peut vouloir dire « bonjour » ou « au revoir ».

## Oui, peut-être, non

**4.** Regardez. Que veulent dire ces gestes ?

Oui   😊 *Ouais*                 Peut-être                 Non

dix-sept  **17**

## ÉCOUTER | OBSERVER | COMPARER

**Portraits**

**Quel est votre prénom?**

# Duska

Mon prénom, dans ma langue maternelle c'est «*Douchka*», mais en français, comme ça s'écrit «*Duska*», c'est bizarre pour mon oreille, ce n'est pas joli. *Duska* veut dire «*petite âme*». Pour moi, ça évoque des sentiments d'amour.

# Khaled

Je m'appelle Khaled… Ça veut dire «*éternel*». Mon nom de famille, c'est «*Mhadi*» et parfois on le confond avec le prénom *Mehdi*…

# Li Phang

Je m'appelle *Li Phang*. Ça veut dire «*le parfum du jasmin*». Quand j'ai demandé la naturalisation, j'avais envie de changer par un prénom français: *Sophie, Zoë, Joëlle*… Mais mes amis ne veulent pas. Ils trouvent mon prénom très joli.

**Et Vous?**

18  dix-huit

# Unité 2

## Portrait de famille

Les parents, les enfants
Profession
Âge
Date et lieu de naissance
Le calendrier, les fêtes

Tu, vous
J'ai, tu as, il a…
Depuis, il y a, en
Mon, ma, mes

# EN DIRECT

## Chez Sophie

M. et Mme. MARTIN

— Un ou deux sucres ?
— Sans sucre, merci.

— Qu'est-ce qui vous amène dans la région ?
— Le travail de mon mari. Il est livreur.

— Et vous, vous travaillez ?
— Je suis secrétaire, mais actuellement je cherche un emploi.

— On peut se tutoyer ?
— Oui, bien sûr ! Et toi, tu travailles ?

— Je suis mère au foyer. J'ai trois enfants, deux filles et un garçon. Comme tu le vois, j'attends le quatrième !
— Tu es enceinte depuis combien de temps ?

DRING !

— De six mois ! Tiens, regarde, des photos de mes enfants. Ah, excuse-moi, le téléphone !

20 vingt

# Unité 2

## Vous travaillez ?

**1. Écoutez et répétez.**

Vous travaillez ?
Vous avez un emploi ?
Quelle est votre profession ?
Vous faites quoi en ce moment ?

Tu travailles ?

chauffeur, coiffeur, livreur, serveur, vendeur, caissier, cuisinier, maçon, dentiste, médecin, peintre, professeur, secrétaire, femme de ménage

**2. Complétez.**

il est  …     elle est …

…     …

## Depuis combien de temps ?

**3. Écoutez et répétez.**

Vous habitez ici depuis combien de temps ?
Vous êtes arrivé en France en quelle année ?
Quand êtes-vous arrivé en France ?

depuis, en, quand

## On peut se tutoyer ?

**4. Que disent-ils ? Choisissez le bon dialogue pour chaque situation.**

a      b      c

| Dessin | a | b | c |
|---|---|---|---|
| Dialogue | … | … | … |

## Mon, ma, mes

**5. Choisissez des objets autour de vous et dites à qui ils appartiennent.**

*Exemples* : C'est mon livre, c'est ma chaise, c'est le livre de Lakdar.

vingt et un     **21**

# PRATIQUE

## Sur le vif  A1.1

**1.** Regardez et écoutez. Où ont été prises ces photos ? Que se passe-t-il ?

## Rythme et sons

**1. Répétez.**
1. Oui.
2. Bien sûr.
3. Tu travailles ?
4. Vous travaillez ?
5. Tu as un emploi !
6. Vous avez un emploi !

**2. Répétez.**
1. A. Tu as des enfants ?   B. Oui, deux.
2. A. Ils ont quel âge ?   B. Ils ont quatre ans.
3. A. Ah ! Des jumeaux !
4. A. Fille ou garçon ?   B. Deux filles.

**3. Répétez.**
1. On est le dix-sept. (17)   Le dix-sept décembre.   Le dix-sept avril.
2. On est le dix-huit. (18)   Le dix-huit décembre.   Le dix-huit avril.
3. On est le dix-neuf. (19)   Le dix-neuf décembre.   Le dix-neuf avril.
4. On est le vingt. (20)   Le vingt décembre.   Le vingt août.
5. On est le vingt et un. (21)   Le vingt et un juin.   Le vingt et un août.
6. On est le vingt-deux. (22)   Le vingt-deux juillet.   Le vingt-deux août.
7. On est le vingt-six. (26)   Le vingt-six juillet.   Le vingt-six octobre.
8. On est le trente. (30)   Le trente décembre.   Le trente octobre.
9. On est le trente et un. (31)   Le trente et un décembre.   Le trente et un octobre.

22   vingt-deux

# Unité 2

## Le calendrier

**2. a. Quels sont les 7 jours de la semaine ?**

| JANVIER | FÉVRIER | MARS | AVRIL | MAI | JUIN |
|---|---|---|---|---|---|
| 1 Ma Jour de l'an | 1 Ve Ella | 1 Sa Aubin | 1 Ma Hugues | 1 Je Fête du travail | 1 Di Justin |
| 2 Me Basile | 2 Sa Présentation | 2 Di Ch.-le Bon | 2 Me Sandrine | 2 Ve Boris | 2 Lu Blandine |
| 3 Je Geneviève | 3 Di Blaise | 3 Lu Gwenolé | 3 Je Richard | 3 Sa SS. Phil., Jacq. | 3 Ma Kévin |
| 4 Ve Odilon | 4 Lu Véronique | 4 Ma Mardi-Gras | 4 Ve Isidore | 4 Di Sylvain | 4 Me Clothide |
| 5 Sa Édouard | 5 Ma Agathe | 5 Me Cendres | 5 Sa Irène | 5 Lu Judith | 5 Je Igor |
| 6 Di Épiphanie | 6 Me Gaston | 6 Je Colette | 6 Di Marcellin | 6 Ma Prudence | 6 Ve Norbert |
| 7 Lu Mélanie | 7 Je Eugénie | 7 Ve Félicité | 7 Lu J.-B. de la Salle | 7 Me Gisèle | 7 Sa Gilbert |

| JUILLET | AOÛT | SEPTEMBRE | OCTOBRE | NOVEMBRE | DÉCEMBRE |
|---|---|---|---|---|---|
| 1 Ma Thierry | 1 Ve Alphonse | 1 Lu Gilles | 1 Me Th. de l'E. J. | 1 Sa Toussaint | 1 Sa Florence |
| 2 Me Martinien | 2 Sa Julien Eymard | 2 Ma Ingrid | 2 Je Léger | 2 Di Jour des défunts | 2 Di Viviane |
| 3 Je Thomas | 3 Di Lydie | 3 Me Grégoire | 3 Ve Gérard | 3 Lu Hubert | 3 Lu François-Xavier |
| 4 Ve Florent | 4 Lu J.-M. Vianney | 4 Je Rosalie | 4 Sa Fr. d'Assise | 4 Ma Charles | 4 Ma Barbara |
| 5 Sa Antoine | 5 Ma Abel | 5 Ve Raïssa | 5 Di Fleur | 5 Me Sylvie | 5 Me Gérald |
| 6 Di Mariette | 6 Me Transfiguration | 6 Sa Bertrand | 6 Lu Bruno | 6 Je Bertille | 6 Je Nicolas |
| 7 Lu Raoul | 7 Je Gaétan | 7 Di Reine | 7 Ma Serge | 7 Ve Carine | 7 Ve Ambroise |

| lundi | mardi | mercredi | jeudi | vendredi | samedi | dimanche |

**b. Complétez la grille avec les mois de l'année.**

## La date

**3. a. Écrivez les dates en lettres ou en chiffres.**

| Samedi 3 janvier 2012 | 03/01/2012 |
|---|---|
| Jeudi 19 février 2012 | ... |
| Mercredi 3 mars 2012 | ... |
| ... | 23/04/2013 |
| ... | 04/05/2014 |

**b. Quelle est la date d'aujourd'hui ? d'hier ? de demain ?**

## Les saisons

**4. En quelle saison sommes-nous ? Cherchez sur un calendrier les dates des changements de saison.**

vingt-trois 23

# DÉCOUVERTE

## L'album photos  A1.1

**1. Écoutez. Sophie parle de quelle photo ?**

mon grand-père — ma grand-mère
mon père — ma mère
mon frère — ma sœur
mon cadeau d'anniversaire — ma date de naissance

| Photo | 1 | 2 | 3 | 4 | 5 |
|---|---|---|---|---|---|
| Commentaire | … | … | … | … | … |

## Le livret de famille  A1

**2. Complétez le livret de famille. Antoine est né le 16 novembre 1993 à 18 heures 20 à Paris.**

**PREMIER ENFANT**

Extrait de l'Acte de naissance N° _____
Le _____
à _____ heures _____
Est né(e) _____
De sexe _____
À _____
Délivré conforme aux registres, le _____

_____                         L'Officier de l'État civil
MENTIONS MARGINALES              Sceau de la Mairie

## À vous…  A1

**3. Apportez à votre tour des photos et faites les présentations.**

# Unité 2

## Fêtes et commémorations

**4. a.** Retrouvez dans un calendrier les fêtes qui correspondent à ces dates.

1er janvier : …
14 février : …
1er avril : …
1er mai : …
8 mai : …
14 juillet : …
11 novembre : …
25 décembre : …
Mardi gras : …
Fête des grands-mères : …
Fête des mères : …
Fête des pères : …

**b.** Cherchez à quelles dates ont lieu ces fêtes cette année.

**c.** Existe-t-il dans votre pays d'origine des fêtes comme celles-ci ? Quels sont les jours fériés ?

## Je compte : 1, 2, 3…

**5.** Regardez. Et vous, vous comptez comment ?

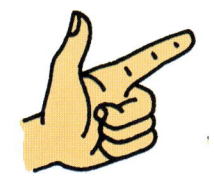

# ÉCOUTER | OBSERVER | COMPARER

## Portraits

**Quels sont vos souvenirs de votre arrivée en France ?**

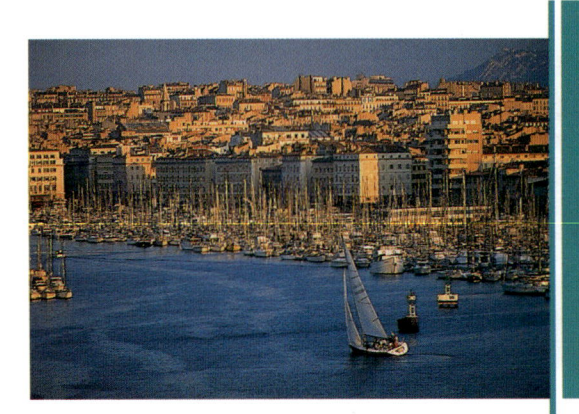

### Jorge

C'est Roissy, et comme j'arrivais directement de Marseille, c'est aussi le vieux port de Marseille. Quand je suis arrivé, j'imaginais Marseille, une ville propre…

### Khaled

C'est la gare. Je suis arrivé en fait à Paris en retard, donc j'ai raté mon avion pour me rendre à Lyon. Il faisait vraiment froid ce soir-là du mois de novembre…

### Duska

De l'avion, déjà je voyais les routes qui étaient illuminées par les phares des voitures, mais aussi les maisons, les rues, on voyait bien la lumière. J'arrive donc à l'aéroport. C'était éblouissant et il y avait même un peu trop de lumière. Et puis je commence un peu à avoir peur…

*Et Vous ?*

# Unité 3

## Combien ça coûte ?

Je voudrais...
Pardon, excusez-moi
Combien ça coûte ?
C'est trop cher !
Moins que, plus que

Le marché
Les magasins
Le tri sélectif
9 € 99

# EN DIRECT

## Jour de marché

**A1.1** — **P. 128** Grammaire

— ALLÔ, SOPHIE. JE SUIS DÉSOLÉ, J'AI OUBLIÉ LA LISTE DES COURSES. JE NE ME SOUVIENS PLUS DE... ALLÔ.

— MESSIEURS DAMES, C'EST À QUI LE TOUR ?
— C'EST À MADAME.

— BONJOUR MONSIEUR. JE VOUDRAIS UN KILO DE CAROTTES, UN FILET DE POMMES DE TERRE ET UNE BARQUETTE DE FRAISES.
— AVEC CECI ?

— UNE SALADE. UNE BATAVIA DE PRÉFÉRENCE.
— ALLEZ-Y. SERVEZ-VOUS ! ELLES SONT TOUTES AU MÊME PRIX !

— AURIEZ-VOUS UN SAC, S'IL VOUS PLAÎT ?
— BIEN SÛR ! IL VOUS FAUT AUTRE CHOSE ?

— CE SERA TOUT, MERCI.
— VOILÀ MADAME, ÇA VOUS FAIT 6 EUROS 60. MONSIEUR ?

**Unité 3**

## Je voudrais…

**1. Écoutez et répétez. Qu'est-ce qu'ils achètent ?**

Monsieur ?
Madame ?
Mademoiselle ?
Oui ?
Qu'est-ce que je vous sers ?
Vous désirez ?

Une baguette, s'il vous plaît.
Je voudrais…
Donnez-moi…
Avez-vous… ?

## J'ai oublié…

**2. Regardez et écoutez. Choisissez le bon enregistrement pour chaque situation**

| Dessin | a | b | c |
|---|---|---|---|
| Enregistrement | … | … | … |

*a*   *b*   *c*

## Je suis désolé…

**3. Écoutez et répétez.**

Je suis désolé.
Je suis navré.
Veuillez m'excuser !
Toutes mes excuses !

Excuse-moi.

– C'est pas grave !
– C'est rien !
– Je vous en prie.
– Il n'y a pas de mal !
– Je t'en prie.

## Elles sont toutes au même prix

**4. a. Écoutez et répétez.**

Je vous dois combien ?   Quel est le prix… ?   Combien coûte… ?   C'est combien ?   Ça coûte combien ?

**b. Écrivez. Combien ça coûte ?**

vingt-neuf 29

# PRATIQUE

## Sur le vif  A1.1

**1.** Regardez et écoutez. Où ont été prises ces photos ? Que se passe-t-il ?

## Rythme et sons

**1.** Écoutez et cochez ce que vous entendez.

| | Exemple | 1 | 2 | 3 | 4 | 5 | 6 | 7 | 8 |
|---|---|---|---|---|---|---|---|---|---|
| Ordre ↘ ! | | | | | | | | | |
| Question ↗ ? | X | | | | | | | | |

**2.** Répétez ces petites conversations.

| I | II | III |
|---|---|---|
| 1. Zut ! | 1. À qui le tour ? | 1. Tu fais les courses ? |
| 2. Tu fumes… | 2. Un paquet de couches ! | 2. Vous avez de la confiture ? |
| 3. Mille excuses ! | 3. Combien ça coûte ? | 3. Vous avez des chaussures ? |
| 4. Deux baguettes ? Non, une ! | 4. Douze euros, douze ! | 4. Tu achètes tout ? |
| 5. Salut ! | 5. C'est beaucoup ! | |

**3.** Répétez.
1. A. J'ai trente-trois ans. (33)     B. Trente-trois !
2. A. J'ai quarante-quatre ans. (44)     B. Quarante-quatre !
3. A. J'ai cinquante-cinq ans. (55)     B. Cinquante-cinq !
4. A. J'ai soixante-six ans. (66)     B. Soixante-six !
5. A. J'ai soixante et onze ans. (71)     B. Soixante et onze !
6. A. J'ai quatre-vingt-un ans. (81)     B. Quatre-vingt-un !
7. A. J'ai quatre-vingt-onze ans. (91)     B. Quatre-vingt-onze !
8. A. J'ai quatre-vingt-dix-neuf ans. (99)     B. Quatre-vingt-dix-neuf !
9. A. J'ai cent ans. (100)     B. Cent !

# Unité 3

## Les prix de la semaine !!!

**2.** Quels sont les 7 jours de la semaine ?

**SUPER PROMO**

**1 € 50**
**Eau de source de montagne**
6 x 1,5 l : 0,17 € le litre
dont 1 bouteille gratuite

**3 € 03**
**Chips**
Le paquet de 500 g.

**3 € 44**
**Dentifrice**
Le lot de 2 tubes

**2 € 48**
**Cornichons**
Bocal 380 g
Soit le kg : 6,53 €
dont 10 % gratuit

**16 € 10**
**Parfum**

**9 € 99**
**Lessive**
**Au savon de Marseille**
soit le kg : 1,83 €
2 barils achetés, le 3ᵉ offert !

**7 € 50**
**Lait**
6 x 1 L

**6 €**
**Le t-shirt** ~~12 €~~
différents coloris
tailles : S à XL

**3 € 09**
l'unité
**Déodorant**
La bombe de 200 ml + 40 ml
gratuits (240 ml)

**1 € 40**
**Confiture**
Abricot, fraise
ou myrtille

**1 € 65**
**Haricots**
4 x 220 g
Soit le kg : 1,88 €
dont 1 boîte gratuite

**21 €**
**La paire de chaussures** ~~30 €~~
Du 34 au 46

**SOLDES !**

**3.** Faites vos courses.

Il me faut
de la confiture.

Je voudrais
des cornichons.

Je voudrais du lait.

C'est trop cher !
C'est pas donné !
C'est du vol !

C'est une bonne
affaire !
C'est raisonnable !

trente et un  31

# DÉCOUVERTE

## Les magasins — A1

**1.** Que peut-on acheter dans ces magasins ?

## Les grandes surfaces — A1

**2.** Où voit-on ces indications ? Expliquez ce qu'elles veulent dire.

- Prenez un ticket ↓
- Sortie sans achat
- caisse – 10 articles
- CAISSE FERMÉE
- Sortie de secours
- Caisse prioritaire future maman

## Les emballages — A1.1

**3.** Reliez comme dans l'exemple.

| | |
|---|---|
| Un baril | de bonbons |
| Un bocal | de confiture |
| Une boîte de conserve | de cornichons |
| Une bombe | de dentifrice |
| Une bouteille | d'huile |
| Une brique | de lait |
| Un flacon | de laque |
| Un paquet | de lessive |
| Un pot | de parfum |
| Un tube | de petits pois |

1 kg = 1000 g
une livre = 500 g
1 l = 100 cl

32 trente-deux

# Unité 3

## Le tri sélectif  A1.1

**4.** Retrouvez dans un calendrier les fêtes qui correspondent à ces dates.

### Pour recycler, il faut trier

Bouteilles en plastique, boîtes métalliques, briques, cartonnettes

**COLLECTE DU BAC À COUVERCLE JAUNE** — COCHEZ LE JOUR — LUNDI · MARDI · MERCREDI · JEUDI · VENDREDI · SAMEDI

Végétaux (UNIQUEMENT EN PAVILLONNAIRE)

**COLLECTE DU BAC À COUVERCLE MARRON** — COCHEZ LE JOUR — LUNDI · MARDI · MERCREDI · JEUDI · VENDREDI · SAMEDI

Journaux, magazines, prospectus

Bouteilles de couleurs     Pots, bocaux, bouteilles incolores

Un doute, une question : 0800 774 062 Sictom de Sénart

**COLLECTE DE LA POUBELLE HABITUELLE** — COCHEZ LE JOUR — LUNDI · MARDI · MERCREDI · JEUDI · VENDREDI · SAMEDI

## Pardon ! Pardon ?  A1

**5.** Imaginez ce qu'il dit et pourquoi ?

Pardon ?
Vous pouvez répéter ?
Vous pouvez parler plus fort ?
Excusez-moi, je n'ai pas compris.

Hein ?

## ÉCOUTER | OBSERVER | COMPARER

*Portraits*

**Qu'est-ce qui vous a frappé dans la vie quotidienne en vous installant en France ?**

### Li Phang

On vit lentement, doucement. Les gens se promènent, marchent lentement dans la rue. En France, il y a des files d'attente aux marchés, dans les magasins, les gens sont très patients…

### Astrid

Dans les premiers temps, je n'étais pas chez moi, j'étais dans une famille où je faisais les ménages et m'occupais des enfants. Après, quand j'ai eu mon premier appartement, le dimanche je regardais mes voisins par la fenêtre de la cuisine. Les gens invités venaient vers les onze heures, et à trois heures de l'après-midi, je les voyais encore à table, et quelque fois vers cinq heures, je les voyais encore à table… La manière de manger : une entrée, un plat, un dessert, tout ça, c'était pour moi très nouveau.

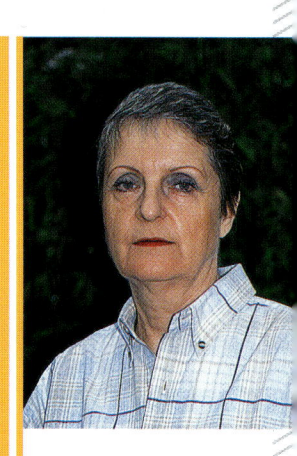

### Duska

Quand je suis arrivée, la première chose que j'ai remarquée, c'était les journées qui ne se terminaient pas, très longues…

*Et Vous ?*

# ÉVALUATION

**Bilan 1**

### 1. Reliez comme dans l'exemple.

1er janvier 2000 — prénom
française — âge
Corinne — date
marié — nationalité
18 ans — profession
médecin — situation de famille

### 2. Rayez le mot inutile.

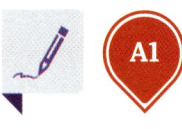

nationalité : française, ~~François~~, belge, chinoise, russe,
jour : dimanche, lundi, jeudi, vendredi, juin,
mois : janvier, octobre, mardi, mars, mai,
saison : hier, hiver, été, printemps, automne,
salutation : bonjour, salut, au revoir, merci, à demain,
nombre : six, dix, bus, onze, quinze, vingt-deux

### 3. Faites des phrases comme dans l'exemple.

*Exemple* : UNE VOUDRAIS BAGUETTE . JE
*Je voudrais une baguette.*

VOUS ? COMMENT VOUS – APPELEZ
.................................................................

FRANCE EN SUIS . JE 2002 EN ARRIVÉ
.................................................................

VOUS ÇA € FAIT 10 .
.................................................................

### 4. Tu ou vous ? Reliez comme dans l'exemple.

Vous vous appelez comment ? — Tu t'appelles comment ?
Excusez-moi. — Excuse-moi.
Je vous en prie. — Je t'en prie.
Vous voulez un café ? — Tu veux un café ?
Servez-vous ! — Sers-toi !
Tenez ! — Tiens !

### 5. Homme ou femme ? Écrivez F pour femme ou H pour homme.

Ma grand-mère a 74 ans. — F
Elle est française. — ........
Mon fils s'appelle David. — ........
Il est né le 26 avril 1982. — ........
Ma sœur s'est mariée l'année dernière. — ........
Son mari est plombier. — ........

trente-cinq 35

# ÉVALUATION — Bilan 1

**6. Dites si les expressions se rapportent au passé, au présent ou au futur.**

|  | AVANT | MAINTENANT | PLUS TARD |
|---|---|---|---|
| Aujourd'hui |  | X |  |
| Demain |  |  |  |
| Hier |  |  |  |
| En ce moment |  |  |  |
| Une prochaine fois |  |  |  |
| Avant-hier |  |  |  |
| La semaine dernière |  |  |  |
| Il y a deux ans |  |  |  |
| Après-demain |  |  |  |
| Actuellement |  |  |  |
| Dans quinze jours |  |  |  |
| Le mois prochain |  |  |  |

**7. Écoutez et écrivez les noms.**

1. BLANC
2. ..................................................
3. ..................................................
4. ..................................................

**8. Écoutez et écrivez les numéros de téléphone.**

1. ..................................................
2. ..................................................
3. ..................................................
4. ..................................................

**9. Lisez les prix.**

9€$^{15}$   20€$^{99}$   6,30€   20€$^{50}$   0,50 €

**10. Remplissez le formulaire suivant.**

NOM: ..................................................
PRÉNOM: ..................................................
NATIONALITÉ: ..................................................
PROFESSION: ..................................................
DATE DE NAISSANCE: ..................................................
SITUATION DE FAMILLE: ..................................................

# Unité 4

## En ville

Je cherche…
Je ne sais pas
Je n'ai pas le temps
Merci
Ne… pas…
À droite, à gauche, tout droit

Plan de ville
Place du 14 juillet 1789
Les horaires : 9 H – 20 H
La mairie, la bibliothèque

# EN DIRECT

## C'est à deux pas d'ici !

— Excusez-moi monsieur, je cherche la place du 14 juillet.
— Désolé, j'ai vraiment pas le temps !

— Pardon, vous savez où est la place du 14 juillet ?
— Je sais pas. Je suis pas d'ici.
— La place du 14 juillet ? C'est pas très loin !

— Vous prenez la troisième rue à droite, puis la deuxième rue à gauche. Vous passez devant la mairie.

— Vous continuez tout droit sur 200 mètres environ, jusqu'à la poste et vous y êtes !

— Merci. C'est très aimable.
— De rien.

— Vous pouvez pas vous tromper ! C'est une grande place avec une fontaine !
— D'accord, encore merci !

# Unité 4

## Excusez-moi monsieur !

**1.a. Écoutez et répétez.**

Pardon monsieur !   Excusez-moi madame !   Mademoiselle, s'il vous plaît !

**b. Complétez.**

Je cherche  …   …   …

## Je n'ai pas le temps

**2. Écoutez et répétez.**

J'ai pas le temps.
Je suis pressé.
Je suis en retard.
J'ai pas que ça à faire !

## Je ne sais pas

**3. Écoutez et répétez.**

J'en sais rien !
Aucune idée !
J'en ai pas la moindre idée !

## Merci

**4. Écoutez et répétez.**

| Merci beaucoup. | – De rien. | Un grand merci. | – Il n'y a pas de quoi. |
| Merci infiniment. | – Je vous en prie. | Vous êtes très aimable. | – C'est tout naturel ! |
| Mille fois merci. | – C'est rien ! | C'est très gentil de votre part. | – Tout le plaisir est pour moi ! |

## Prenez la troisième rue à droite

**5. Donnez les bonnes indications.**

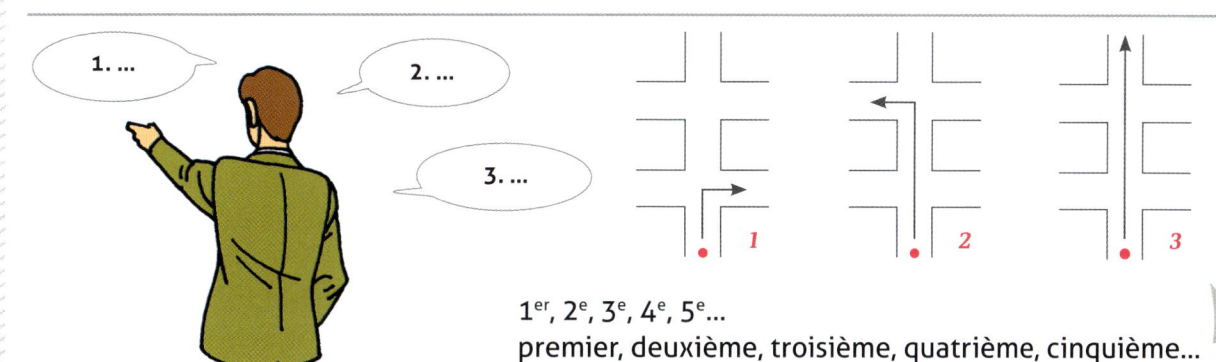

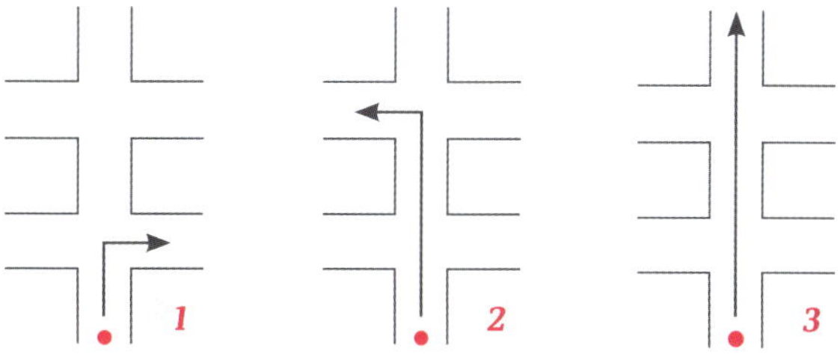

1. …
2. …
3. …

1$^{er}$, 2$^e$, 3$^e$, 4$^e$, 5$^e$…
premier, deuxième, troisième, quatrième, cinquième…

trente-neuf  **39**

# PRATIQUE

## Sur le vif

**1.** Regardez et écoutez. Où ont été prises ces photos ? Que se passe-t-il ?

## Rythme et sons

**1. Écoutez et cochez ce que vous entendez.**

|  | 2 syllabes | 3 syllabes | 4 syllabes | 5 syllabes |
|---|---|---|---|---|
| Exemple | X |  |  |  |
| 1 |  |  |  |  |
| 2 |  |  |  |  |
| 3 |  |  |  |  |
| 4 |  |  |  |  |
| 5 |  |  |  |  |
| 6 |  |  |  |  |
| 7 |  |  |  |  |
| 8 |  |  |  |  |
| 9 |  |  |  |  |
| 10 |  |  |  |  |

**2. Répétez.**

1. Pardon, je cherche le marché.
2. Pardon, je cherche le musée.
3. Pardon, je cherche le collège.
4. Pardon, je cherche le stade.
5. La poste est près de la gare.
6. La crèche est près de la mairie.
7. La médiathèque est près de la pharmacie.
8. La piscine est près de la gendarmerie.

**3. Répondez comme dans l'exemple.**

*Exemple* : A. *Tu sais ?*      B. *Non, je ne sais pas.*

1. A. Tu sais ?      B. Non, …
2. A. Tu viens ?      B. Non, …
3. A. Tu veux ?      B. Non, …
4. A. Tu crois ?      B. Non, …
5. A. Tu comprends ?      B. Non, …

# Unité 4

## Place du 14 juillet 1789

**2.** Qu'est-ce que c'est ?

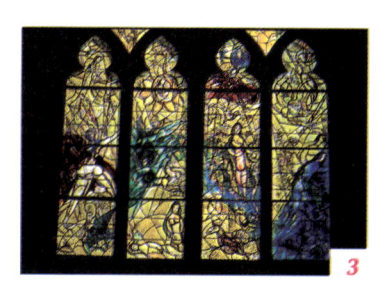

| RUE DE PARIS | AVENUE DE L'EUROPE | PLACE DU 11 NOVEMBRE 1918 | BOULEVARD NIKI DE SAINT PHALLE |
| IMPASSE DES TILLEULS | PLACE DE L'ÎLE-DE-FRANCE | CITÉ RICARDO BOFILL | ALLÉE MARC CHAGALL |

1
2
3

## Adresse

**3.** Écrivez votre adresse.

Monsieur le Maire
Mairie de Paris
Place de l'hôtel de ville
75001 PARIS

quarante et un 41

# DÉCOUVERTE

## Plan de ville

**1.** Observez le plan et complétez.

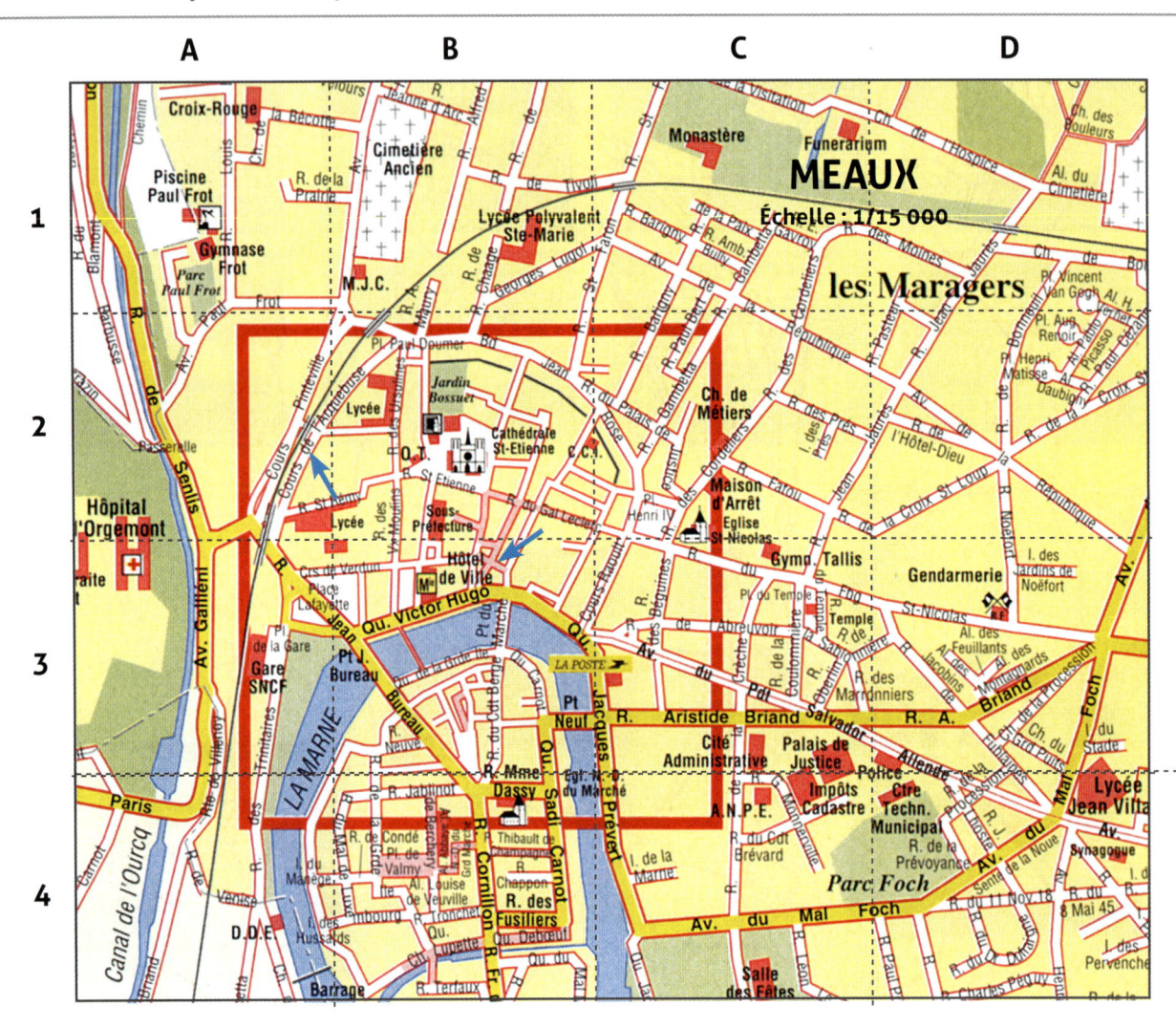

**MEAUX** — Échelle : 1/15 000

### Index alphabétique des rues

| | |
|---|---|
| Cours de l'Arquebuse | A2 -B2 |
| Rue Aristide-Briand | ... |
| Place de la gare | ... |
| Allée du cimetière | ... |
| Avenue du Maréchal-Foch | ... |
| Quai Jacques-Prévert | ... |

À côté de, près de
En face de
À l'angle de, au coin de

### Équipements

| | |
|---|---|
| Hôtel de ville | B3 |
| Police | ... |
| Piscine | ... |
| Salle des fêtes | ... |
| Hôpital | ... |
| Gare SNCF | ... |
| Gymnase | ... |
| Lycée | ... |
| Parc | ... |
| La Poste | ... |

VOUS ÊTES ICI

42  quarante-deux

# Unité 4

## En ville

**2.** Lisez les indications.

**Gendarmerie** (P →)

**PARKING MAIRIE** (←)

**Hôtel de Ville** (P →)

**La Poste** (P →)

**Complexe Sportif** (P →)

**Piscine, Gymnases** →

**C.E.S. P. de Coubertin** (P →)

**Ateliers Municipaux** →

### LA MÉDIATHÈQUE
HORAIRES D'OUVERTURE

| | | |
|---|---|---|
| MARDI | 14H | 18H |
| MERCREDI | 10H | 12H30 |
| | 14H | 18H |
| JEUDI | 14H | 17H |
| VENDREDI ADULTES : | 10H | 19H |
| ENFANTS : | 12H | 18H |
| SAMEDI | 10H | 12H30 |
| | 14H | 17H |

Mairie = hôtel de ville

## Je ne sais pas !

**3.** Regardez. Que veulent dire ces gestes ?

PUFF !

quarante-trois **43**

**ÉCOUTER | OBSERVER | COMPARER**

## Portraits

**Quels sont vos lieux préférés en France ?**

### Jorge

Mon lieu préféré, comme j'ai vécu à Tours, c'est Tours. J'adore cette ville, tous les environs, la vallée de la Loire… Et chez moi, c'est la cuisine. C'est un lieu convivial, très convivial, surtout quand on y vit… C'est mon cas… je suis marié à une Française, qui cuisine d'ailleurs très bien…

### Li Phang

J'adore les jardins, les espaces verts. Et chez moi, la chambre qui donne sur la cour. Le soleil, c'est calme de ce côté-là.

### Astrid

Paris, les couleurs du ciel qui changent. Mon quartier, que j'habite depuis 12 ans : Belleville, le carrefour où se croisent le 11e, le 10e, le 19e et le 20e arrondissement.

*Et Vous ?*

44 quarante-quatre

# Unité 5

## À louer

Ça me plaît...
J'hésite...
C'est neuf, c'est ancien
C'est grand, c'est petit
À vendre

Les petites annonces
L'état des lieux
Le bail

# EN DIRECT

## Un nouveau locataire

— BONJOUR, VINCENT LEDUC. JE VIENS POUR LA VISITE DE L'APPARTEMENT. C'EST BIEN ICI ?
— OUI. GEORGES LANDES, DE L'AGENCE RAPID'IMMO... ENTREZ.

— LA CUISINE EST NEUVE. VOUS POUVEZ UTILISER LE GAZ.
— ET JE PEUX METTRE UNE MACHINE À LAVER, TANT MIEUX !

— ICI C'EST LE SALON. AVEC LES DEUX FENÊTRES, IL EST TRÈS CLAIR.
— ET SALE ! IL FAUT FAIRE DES TRAVAUX DANS CETTE PIÈCE ! LE PAPIER PEINT EST ANCIEN ET LA MOQUETTE USÉE.

— VOICI LA PREMIÈRE CHAMBRE. LES DEUX SONT IDENTIQUES.
— ELLES SONT EN BON ÉTAT, ET IL Y A DES PLACARDS. ÇA ME PLAÎT.

— ET LE CHAUFFAGE... IL EST AU GAZ OU ÉLECTRIQUE ?
— AU GAZ, IL EST COMPTÉ DANS LES CHARGES. ET LE LOYER EST DE 600€ PAR MOIS.

— L'APPARTEMENT M'INTÉRESSE, MAIS J'HÉSITE. IL EST AU CINQUIÈME ÉTAGE ET IL N'Y A PAS D'ASCENSEUR.
— NE TARDEZ PAS TROP ! UNE OCCASION PAREILLE, ÇA VA VITE DISPARAÎTRE !

46 quarante-six

# Unité 5

## L'appartement m'intéresse

**1. Écoutez et répétez.**

C'est bien !
Ça me plaît !
J'aime l'appartement !
C'est parfait !
Ça m'intéresse…
C'est plutôt pas mal !

C'est sale !
Ça ne me plaît pas !
Je n'aime pas la maison !
C'est nul !
Ça ne m'intéresse pas du tout…
Ça ne m'emballe pas.

## C'est sale !

**2. a. Écoutez et répétez.**

1   2    3    4

**b. Quel dessin correspond à quel enregistrement ?**

| Dessin | 1 | 2 | 3 | 4 |
|---|---|---|---|---|
| Enregistrement | … | … | … | … |

## J'hésite…

**3. Écoutez et répétez.**

J'hésite…   Je ne sais pas encore.   Je dois réfléchir.   J'ai des doutes.   Je ne sais pas quoi faire.

## J'habite

**4. Complétez avec les mots suivants.**

À vendre ➔ le propriétaire
À louer ➔ le locataire

Une maison     Une chambre     Un foyer
Un appartement     Un studio     Un pavillon
Un immeuble     Un hôtel

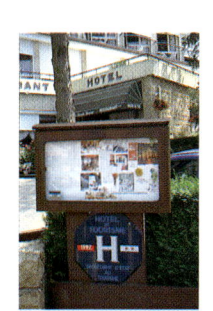

_ _   _ _ _ e  _          _ _   _ _ _ _ _ o           _ _ _   m  _ _ _ _ _          _ _ _   _ h _ _ _ _

quarante-sept  47

# PRATIQUE

## Sur le vif — A1.1

**1.** Observez les photos et écoutez. Que se passe-t-il ?

## Rythme et sons

### 1. Répétez.

1. Cinq (5)
2. Quinze (15)
3. Vingt (20)
4. Vingt-cinq (25)

1. Trente (30)
2. Quarante (40)
3. Soixante (60)
4. Cent (100)

1. Onze (11)
2. Million
3. Compte
4. Nombre

1. Cinq cents (500)
2. Cinquante (50)

1. Trente et un (31)
2. Quarante et un (41)

1. Soixante et onze (71)
2. Cent onze (111)

### 2. Répondez comme dans l'exemple.

1. Le studio est grand.         La maison est grande.
2. Le F4 est beau.               La villa est belle.
3. Le salon est spacieux.      La cuisine est spacieuse.
4. Le couloir est étroit.         La salle de bain est étroite.

### 3. Écoutez et cochez ce que vous entendez.

|          | Exemple   | 1 | 2 | 3 | 4 | 5 | 6 | 7 | 8 | 9 | 10 |
|----------|-----------|---|---|---|---|---|---|---|---|---|----|
| masculin | mauvais   |   |   |   |   |   |   |   |   |   |    |
| féminin  | mauvaise X|   |   |   |   |   |   |   |   |   |    |

48   quarante-huit

# Unité 5

## Chez moi

**A1.1** — *P. 118 Grammaire*

**2. Décrivez votre logement.**

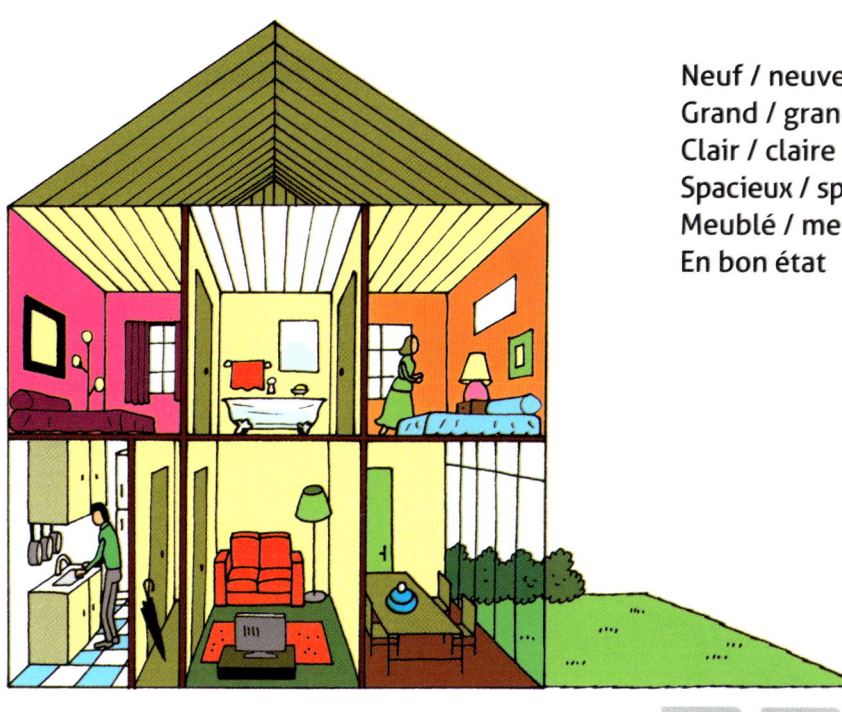

Neuf / neuve
Grand / grande
Clair / claire
Spacieux / spacieuse
Meublé / meublée
En bon état

Vieux / vieille
Petit / petite
Sombre / sombre
Étroit / étroite
Vide / vide
En mauvais état

Dans
Sur / Sous
À côté de
À gauche de / À droite de
Près de / Loin de
Derrière / Devant

## Je cherche un logement…

**A1.1**

**3. Regardez les annonces et répondez aux questions.**

Il y a combien de pièces ?
Quelle est sa taille ?
Quel est son prix ?
À quel étage est l'appartement ?
Donnez le nom de l'agence / du propriétaire.
Quel est le quartier ?

F1 = 1 pièce
F2 = 2 pièces
F3 = 3 pièces
F4 = 4 pièces

Attention : La cuisine et la salle de bains ne sont pas comptées comme pièces.

**A1.1**

**4. Apportez en cours des annonces de logements. Aidez-les à trouver un logement.**

**MAISON À LOUER - LILLE**
70 m² environ - 3 pièces
1 sdb avec baignoire - 1 WC séparé - revêt. parquet et carrelage à l'étage - 2 ch avec sol parquet et armoires - cuisine, entrée, séjour - chauff. gaz individuel. 560 € CC
*Société Rapid'immo :*
08 233 233 22

**2 PIÈCES - RUE DE L'AQUEDUC GARE DU NORD**
2 pièces 54 m² Paris X? - 2 PIÈCES SITUÉ DANS IMM ANCIEN PAR ESC DE SERVICE GRAND SÉJOUR PARQUET CHEMINÉE BIEN DESSERVI PROCHE COMMERCES LIBRE LE 7 JUILLET
862 € CC/mois - *RÉF: AQUEDU2* 01 40 76 32 32

quarante-neuf 49

# DÉCOUVERTE

## Les démarches  A1.1

**1. a. Observez ces documents. Qu'est-ce que c'est ?**

| Groupe : _____ | Adresse du logement : **8 place du 14 juillet** | Nom locataire : **LEDUC Vincent** |
| N° code du logement : _____ | Étage : **5** Position : _____ | Date d'entrée : **15 octobre 2011** |

| | Portes et fenêtres stores | Électricité (+ prise d'antenne) | Équipements rangements | Sol plafond vitrerie | Peinture sanitaires | Plomberie | Serrurerie | Chauffage | Observations |
|---|---|---|---|---|---|---|---|---|---|
| SÉJOUR | E.U. | B.E. | B.E. | E.U. lino déchiré près de la porte | Tapisserie neuve Plafond B.E. | | B.E. | B.E. | |
| CHAMBRE | B.E. Porte ferme mal | B.E. | | Tache sur moquette | B.E. | | | B.E. | |
| CUISINE | B.E. | B.E. | Nf | B.E. | B.E. | E.U. Évier bouché | | B.E. | |
| SALLE D'EAU W.C. | E.U. Porte fissurée | B.E. 1 prise condamnée | B.E. | B.E. 1 tache de rouille sur carrelage | B.E. | E.U. Chasse d'eau fuit | | B.E. humide | Pièce très mauvaise aération |

BE : bon état
EU : état d'usage
Nf : neuf

Le locataire
Signature : *(signature)* V. LEDUC

Le propriétaire ou son représentant
Signature : *(signature)* G. LANDES

**b. Remplissez ce bail à partir de l'annonce.**

### Bail de location

Entre les soussignés :
Madame Duprès domiciliée 28 rue du chemin vert - 47000 Villeneuve sur Lot, propriétaire,
Et _____ , locataire.

Il a été convenu et arrêté ce qui suit :
Un appartement situé _____ au _____ étage comprenant : cuisine, _____.

Durée :
Le contrat est conclu pour une durée de trois ans, prenant effet le _____ et pour terminer le _____.

Loyer :
Le loyer principal est fixé à _____.

**À LOUER**
Appartement 3 pièces 65 m². 4e ét. asc. sur cour, refait à neuf - Balcon, cuisine, 2 ch, salon, sdb, chauff. gaz collectif - 700 €/mois hors charges.
Tél. Mme Duprès au 05 53 54 95 86

**c. Faites l'état des lieux de votre salle de formation.**

### ÉTAT DES LIEUX

| État | accueil | salle 1 | salle 2 | salle 3 | toilettes |
|---|---|---|---|---|---|
| Nf | | | | | |
| BE | | | | | |
| EU | | | | | |
| Remarques | | | | | |

50 cinquante

# Unité 5

## EDF

**2.** Qu'est-ce que c'est ? Remplissez le relevé EDF

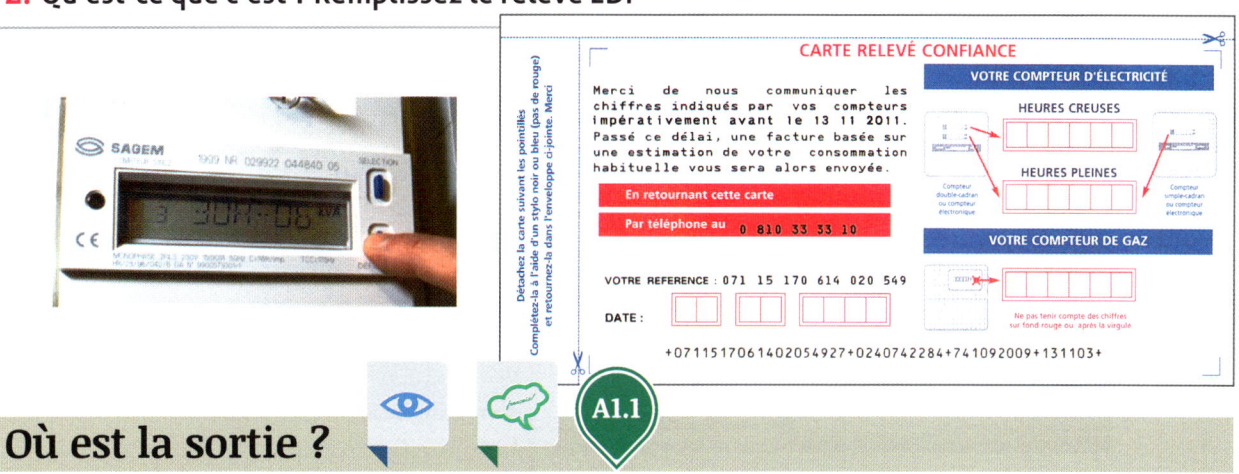

## Où est la sortie ?

**3.** Observez le plan. Où se trouvent les sorties de secours ? Cherchez l'adresse et l'étage.

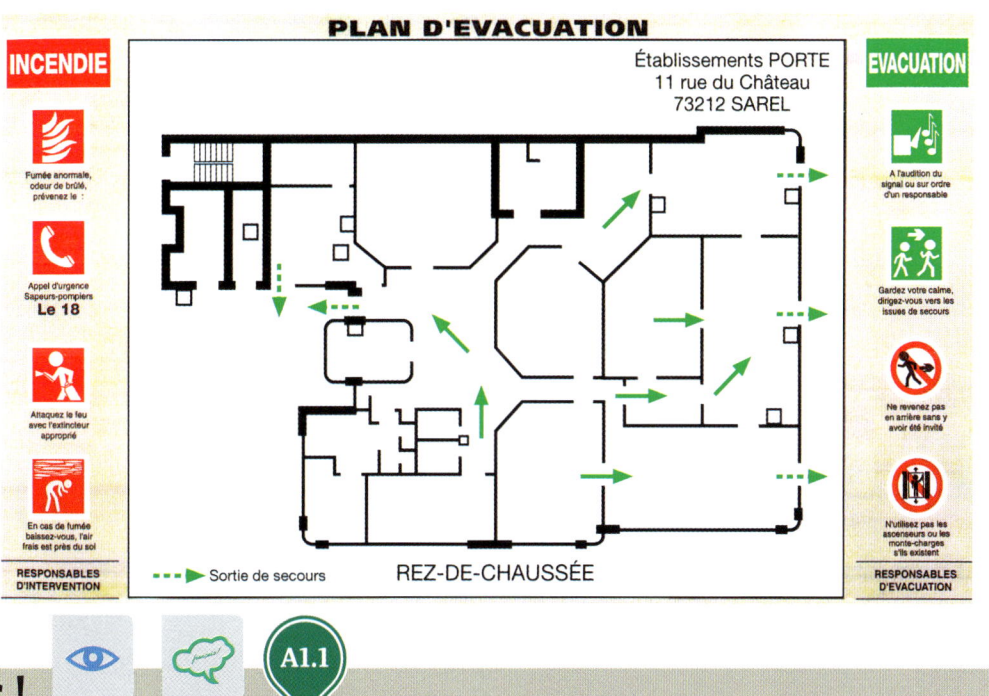

## Super !

**4.** Regardez. Que veulent dire ces gestes ?

## ÉCOUTER | OBSERVER | COMPARER

**Portraits**

**Quels sont vos lieux préférés en France ?**

## Li Phang
J'aime les gens qui aident sans rien demander, les gens qui soutiennent avec plaisir, avec un geste aimable ...

## Astrid
Je suis imprégnée par ce que j'entends dans les médias. Ce qui me choque toujours en France, ce sont les grèves, pas les grévistes. En Allemagne nous avons une loi qui interdit aux fonctionnaires de faire la grève.

## Houria
Une fois j'ai vu des pompiers arrêtés et les passants ne s'arrêtaient pas...
Dans le bus, une fois une femme est tombée, tout le monde est descendu du bus, les pompiers sont arrivés...
Les voisins qui disent bonjour dans l'ascenseur et pas dans la rue.

*Et Vous ?*

# Unité 6

## Terminus !

Quelle heure est-il ?
Un ticket s'il vous plaît.
C'est à quel arrêt ?
Montez

Le bus, le train...
L'itinéraire
Les horaires

## EN DIRECT

# Terminus !

— C'est notre bus.
— Oh ! J'ai oublié les tickets ! Monte et achète trois tickets !

— Bonjour monsieur. Trois tickets s'il vous plaît.
— Trois euros soixante.

— Tenez, la monnaie.
— Merci.

— Venez, il y a trois places ici.
— C'est loin de la porte.

— Quelle heure est-il ?
— 14h30.
— Nous sommes en retard, le rendez-vous est à 15h !

— Non, regarde : dans un quart d'heure nous sommes à la banque encore trois arrêts !
— Non, pas du tout, c'est le suivant : l'arrêt mairie.

# Unité 6

## Je voudrais…

**1. a.** Écoutez et répétez.

| | |
|---|---|
| Quelle heure est-il ? | – 14 h 30. |
| Il est quelle heure ? | – 8 h. |
| Vous avez l'heure ? | – 5 h 45. |
| T'as quelle heure ? | – 20 h 10. |
| Tu as quelle heure ? | – 20 h 10. |
| Nous sommes à l'heure ? | – Non, nous sommes en retard. |
| Je suis à l'heure ? | – Oui, tu es en avance ! |

**b.** Regardez les horloges et dites l'heure.

| Matin | Après-midi |
|---|---|
| Minuit | Midi |
| 0 h | 12 h |
| 1 h | 13 h |
| 6 h | 18 h |

| Dire l'heure ||
|---|---|
| 6 h 15 | 6 heures et quart |
| 6 h 30 | 6 heures et demie |
| 6 h 45 | 7 heures moins le quart |

## Trois tickets s'il vous plaît

**2.** Achetez les titres de transport suivants. Jouez la scène.

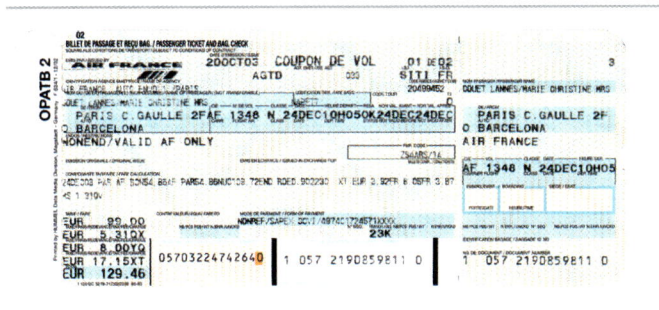

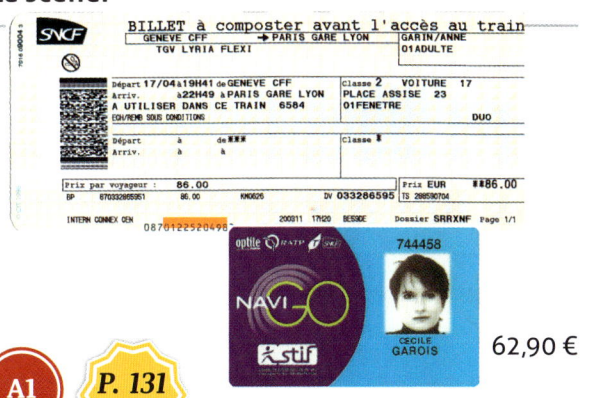

62,90 €

## Montez dans le bus !

**3.** Écoutez et répétez les ordres.

| | | |
|---|---|---|
| Monte dans le bus ! | Montons dans le bus ! | Montez dans le bus ! |
| Achète deux tickets ! | Achetons deux tickets ! | Achetez deux tickets ! |
| Vas-y ! | Allons-y ! | Allez-y ! |
| Laisse ta place à la dame ! | Laissons nos places aux dames ! | Laissez vos places aux dames ! |

cinquante-cinq

# PRATIQUE

## Sur le vif  A1.1

**1.** Regardez et écoutez. Où ont été prises ces photos ? Que se passe-t-il ?

## Rythme et sons

**1. Écoutez et cochez ce que vous entendez.**

|              | Exemple | 1 | 2 | 3 | 4 | 5 | 6 | 7 | 8 | 9 | 10 |
|--------------|---------|---|---|---|---|---|---|---|---|---|----|
| on dit « tu »   |         |   |   |   |   |   |   |   |   |   |    |
| on dit « vous » | X       |   |   |   |   |   |   |   |   |   |    |

**2. Répétez.**

1. Il est cinq heures et quart.
2. Il est sept heures et quart.
3. Il est neuf heures et quart.
4. Il est quatre heures et quart.

1. Rendez-vous avant une heure ?
2. Rendez-vous à une heure.
3. Rendez-vous après onze heures ?
4. Rendez-vous à onze heures.

**1. Répondez comme dans l'exemple.**

Exemple : A. *Vous montez ?*  B. *D'accord, je monte !*

1. A. Vous montez ?  B. ...
2. A. Vous rentrez ?  B. ...
3. A. Vous cherchez ?  B. ...
4. A. Vous passez ?  B. ...
5. A. Vous payez ?  B. ...

# Unité 6

## C'est quel arrêt ?

**2. a. Vrai ou faux ?**

La préfecture est avant le commissariat ?
L'église est après la mairie ?
L'école est après le jardin public ?
Le supermarché est après le lycée ?
Le métro est avant la gare ?

Avant — Après
Précédent — Suivant
Départ — Arrivée / Terminus

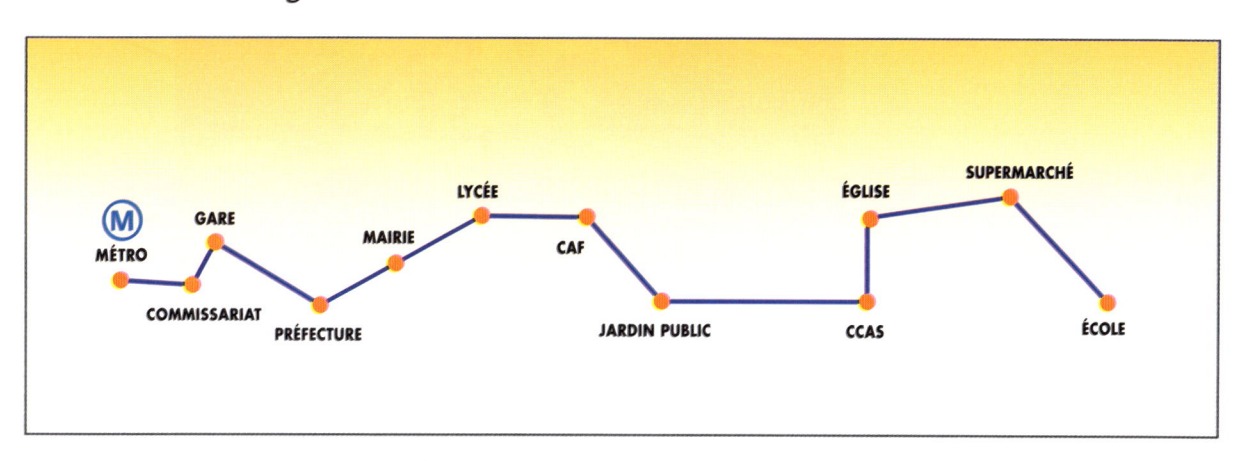

**b. Regardez les horaires de train.
Écrivez à quelle heure part le train.**

a. pour Marseille : ...
b. pour Lyon : ...
c. pour Bordeaux : ...
d. pour Lille : ...

| Trains au départ | |
|---|---|
| DESTINATIONS | HORAIRES |
| Bordeaux | 7H35 |
| Strasbourg | 8H15 |
| Rennes | 10H40 |
| Marseille | 12H05 |
| Lille | 15H50 |
| Toulouse | 17H25 |
| Lyon | 18H55 |

**c. Aidez-les à trouver leur bus.**

Thi Loan a rendez-vous à la mairie à 15 h 15 : bus...
François doit être à 11 h 50 à la gare : bus...
Gérard a rendez-vous à l'école à 16 h 30 : bus...
Sophie va au supermarché pour 9 heures et quart : bus...

| ARRÊTS | MÉTRO | GARE | PRÉFEC-TURE | MAIRIE | CAF | SUPER-MARCHÉ | ÉCOLE |
|---|---|---|---|---|---|---|---|
| BUS A | 8h40 | 8h50 | 8h55 | 9h00 | 9h05 | 9h10 | 9h15 |
| BUS B | 11h30 | 11h40 | 11h45 | 11h50 | 11h55 | 12h00 | 12h05 |
| BUS C | 14h50 | 15h00 | 15h05 | 15h10 | 15h15 | 15h20 | 15h25 |
| BUS D | 15h35 | 15h45 | 15h50 | 15h55 | 16h00 | 16h05 | 16h10 |

## Les saisons

**3. Procurez-vous les guides des horaires des transports en commun de votre commune.
Quel est le trajet pour aller à la mairie, à l'école ?**

cinquante-sept 57

# DÉCOUVERTE

## Avant le départ

**1. Comment ça s'appelle ?**

**a.** la gare

La locomotive - le quai - le composteur - la voiture.

**b.** l'arrêt de bus

Le bouton d'arrêt - le chauffeur - le composteur - l'abri-bus - le numéro de la ligne - le nom de l'arrêt.

## La France et le monde

**2. Regardez la carte de France page 133. Dites les villes que vous connaissez. Parlez de votre voyage pour venir en France.**

# Unité 6

## Je dois faire quoi ?

**A1.1**

**3.** Regardez ces documents : que veulent-ils dire ?

**ATTENTION !** ne mets pas tes mains sur la porte : tu risques de te faire pincer très fort

**MAIRIE DE PARIS**
**18-19 septembre**
Journées du vélo et des mobilités électriques
PARVIS DE L'HÔTEL DE VILLE • ANIMATIONS GRATUITES

**Bougez malin**

www.paris.fr

**places réservées**
les 4 places ci-dessous sont réservées par priorité :
- aux mutilés de guerre
- aux aveugles civils,
  aux invalides du travail,
  aux infirmes civils
- aux femmes enceintes
  et aux personnes accompagnées
  d'enfants âgés de moins de 4 ans
- aux personnes âgées de 75 ans et plus

## Pour ou contre ?

**A1.1**

**4.** Regardez les affiches. De quoi parlent-elles ?

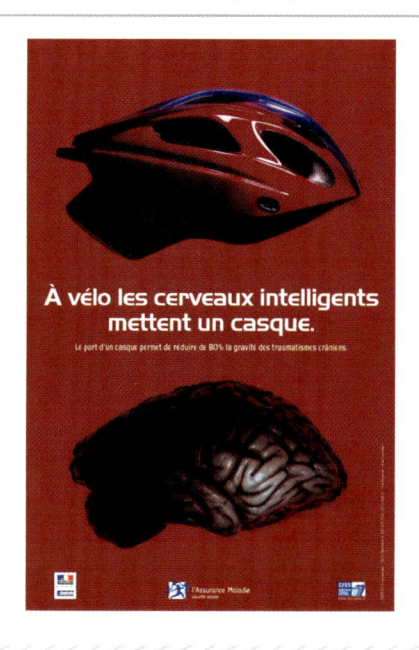

À vélo les cerveaux intelligents mettent un casque.

Le port d'un casque permet de réduire de 80% la gravité des traumatismes crâniens.

AVENUE DE LA QUEUE DE POISSON
BOULEVARD DU BUS QUI PILE
IMPASSE DE LA PORTIÈRE QUI S'OUVRE
RUE DE LA VOITURE QUI DÉBOÎTE
RUE DU PAVÉ GLISSANT
BOULEVARD DU COMMERÇANT QUI DÉCHARGE

À VÉLO, LE CASQUE C'EST PAS OBLIGATOIRE
C'EST JUSTE INDISPENSABLE.

cinquante-neuf **59**

## ÉCOUTER | OBSERVER | COMPARER

**Portraits**

Pouvez-vous nous raconter une anecdote personnelle ?

### Jorge

J'arrive à Marseille, chez un copain, d'abord il me dit : « Bon, si tu as besoin de quelque chose, tu vas chez l'épicier. » J'arrive chez l'épicier et la caissière me dit : « Avec ceci ? », et moi je réponds : « Non, pas de saucisse. » !

### David

Là-bas les conducteurs de bus s'arrêtent là où les passagers leur demandent de s'arrêter. Je ne savais pas comment demander à un chauffeur de s'arrêter. J'ai écouté les gens pour répéter et enfin j'ai crié « Inek var » au chauffeur. Alors tout le monde s'est retourné vers moi. J'avais dit le mot « vache » en turc, ça a fait rire tout le monde dans le bus, c'était amusant.

### Li Phang

J'ai des amis qui ne comprennent pas le français, ce n'est pas évident pour eux. Au début ils se bagarraient dans la rue, même avec la police parce qu'ils ne comprenaient pas... Ils communiquaient mal...

Et Vous ?

# ÉVALUATION    Bilan 2

**1. Mettez à la forme négative.**

| | | |
|---|---|---|
| Je m'appelle Éric. | → | Je ne m'appelle pas Éric. |
| Je suis grec. | → | ... |
| Mon frère a 14 ans. | → | ... |
| Aujourd'hui c'est dimanche. | → | ... |
| Je sais ! | → | ... |
| Achète des carottes. | → | ... |

**2. Trouvez les réponses aux questions.**

Un ticket de bus, s'il vous plaît.            Oui, je suis M. Martin.
Je cherche la Poste.                          Elle est en face de la Mairie.
Où est la rue du lycée ?                      Non, je n'ai pas le temps.
Vous êtes l'agent immobilier ?                C'est 1€50 !
Tu veux un café ?                             C'est la deuxième à droite.

**3. Entourez le mot qui convient.**

*Exemple* : J'ai une grand / grande maison.
Cette ville est très beau / belle.
Les oranges sont trop chers / chères ici.
Pierre est mon petit / petite frère.
Mes voisins sont très gentils / gentilles.
J'ai un vieux / vieille meuble dans ma chambre.

**4. Reliez les contaires.**

| | |
|---|---|
| grand | après |
| loin | petit |
| tôt | difficile |
| avant | tard |
| facile | neuf |
| vieux | près |

**5. Écrivez l'heure en toutes lettres.**

Il est ............    ............    ............    ............    ............

# ÉVALUATION

## Bilan 2

**6. Dites si les expressions se rapportent au passé, au présent ou au futur.**

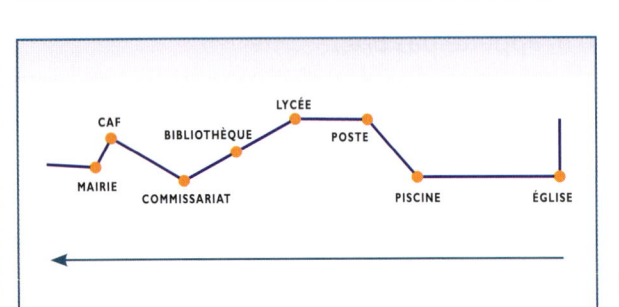

|  | AVANT | APRÈS |
|---|---|---|
| La poste est… | X |  | la bibliothèque
| La bibliothèque… |  |  | le lycée
| La CAF… |  |  | la piscine
| L'église… |  |  | le commissariat
| La mairie… |  |  | la CAF
| Le commissariat… |  |  | l'église

**7. Écoutez les annonces et écrivez les réponses.**

Train pour Lille :         Départ : ..............    Arrivée : ..............

Train pour Marseille :     Départ : ..............    Arrivée : ..............

Train pour Bordeaux :      Départ : ..............    Arrivée : ..............

Train pour Rennes :        Départ : ..............    Arrivée : ..............

**8. Reliez comme dans l'exemple.**

Monte !           Parlons !         Cherchez !
Parle !           Cherchons !       Achetez !
Cherche !         Montons !         Continuez !
Achète !          Continuons !      Montez !
Continue          Achetons !        Parlez !

**9. Mettez les mots dans l'ordre pour former une phrase.**

*Exemple* : AVEZ DES VOUS ? ŒUFS
Vous avez des œufs ?

RUE CHERCHE JE LA DE POSTE .

..............................................................

HEURE IL ? QUELLE EST -

..............................................................

SEPT MONTEZ DANS DIX BUS LE - .

..............................................................

**10. Reliez les heures de l'après-midi aux heures du matin.**

12 h      10 h
20 h      1 h
18 h      8 h
13 h      3 h
22 h      0 h
15 h      6 h

soixante-deux

# Unité 7

## *Chèque ou espèces ?*

Je désire, j'aimerais
Je vous conseille
Si…
Je vais, tu vas, il va…

La banque et la Poste
Les chèques
Les pièces et les billets
Les timbres

# EN DIRECT

## Rendez-vous à la banque

**A1.1** — P. 128 Grammaire

**BANQUE AZUR**

— Bonjour, que puis-je faire pour vous ?
— Nous désirons ouvrir un compte.

— Voici le formulaire à remplir. Vous avez une pièce d'identité ? Je vais aller en faire une copie.
— Oui, j'ai aussi un justificatif de domicile si vous voulez.

— Très bien. Je vous conseille le forfait "Intégral".
— C'est-à-dire ?

— C'est un forfait mensuel qui comprend une assurance et la consultation du compte sur Internet.
— Qu'est-ce que tu en penses ?
— Non, juste un compte.

— Est-ce que nous avons un découvert autorisé ?
— Oui, bien sûr. Votre chéquier et votre carte bancaire vont arriver dans une semaine.

— C'est parfait.
— Si vous avez des questions ou un problème, n'hésitez pas à m'appeler.

64 soixante-quatre

# Unité 7

## Que puis-je pour vous ?

### 1. Écoutez et répétez.

Que puis-je faire pour vous ?
En quoi puis-je vous aider ?
Que voulez-vous ?
Que désirez-vous ?

– J'aimerais …
– Je voudrais …
– Je veux …
– Je désire …

## Je vous conseille

### 2. a. Écoutez et répétez.

Vous devriez …
Vous feriez mieux de …
Vous avez intérêt à …
À votre place, je …
Si j'étais vous, je …

### b. Donnez des conseils.

## Votre carte bancaire va arriver dans une semaine

### 3. a. Observez. Qu'est-ce que ces phrases expriment ?

Je *vais ouvrir* un compte à la banque.
Tu *vas acheter* le journal.
Il / elle / on *va appeler* sa sœur.

Nous *allons voir* la voisine.
Vous *allez manger* au restaurant.
Ils / elles *vont louer* un appartement.

P. 131
Grammaire

### b. À vous : complétez.

1. Il ........................... acheter une maison à la campagne.
2. Nous ........................... faire les courses.
3. Je ........................... ouvrir un compte à la banque.
4. Vous ........................... passer une bonne soirée chez nous !

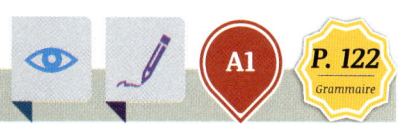

## Si vous avez des questions…

### 4. Observez puis complétez.

Si → S'il fait beau, je vais au marché.

Si je suis fatigué → je ne peux rien faire !
Si tu cherches un logement → regarde les annonces !
Si vous avez le temps → venez à la maison.

Si je suis fatigué, je ne peux rien faire !
...........................................................
...........................................................

P. 122
Grammaire

soixante-cinq 65

# PRATIQUE

## Sur le vif

1. Observez les photos et écoutez. Que se passe-t-il ?

## Rythme et sons

1. Écoutez et cochez ce que vous entendez.

|         | Exemple | 1 | 2 | 3 | 4 | 5 | 6 | 7 | 8 | 9 | 10 |
|---------|---------|---|---|---|---|---|---|---|---|---|----|
| « veux » |         |   |   |   |   |   |   |   |   |   |    |
| « vais » | X       |   |   |   |   |   |   |   |   |   |    |

2. Répétez.
   1. C'est un dentiste. C'est une dentiste.
   2. C'est un secrétaire. C'est une secrétaire.
   3. C'est un libraire. C'est une libraire.
   4. C'est un serveur. C'est une serveuse.
   5. C'est un vendeur. C'est une vendeuse.
   6. C'est un coiffeur. C'est une coiffeuse.

3. Répondez comme dans l'exemple.
   Exemple :
   A. J'ai un timbre.        B. Moi aussi, je voudrais un timbre.
   1. A. J'ai un timbre.     B. Moi aussi, …
   2. A. J'ai un paquet.     B. Moi aussi, …
   3. A. J'ai un mandat.     B. Moi aussi, …
   4. A. J'ai un ticket.     B. Moi aussi, …
   5. A. J'ai un recommandé. B. Moi aussi, …

# Unité 7

## Chéquier et carte bancaire  A1.1

**2.** Observez le chèque.

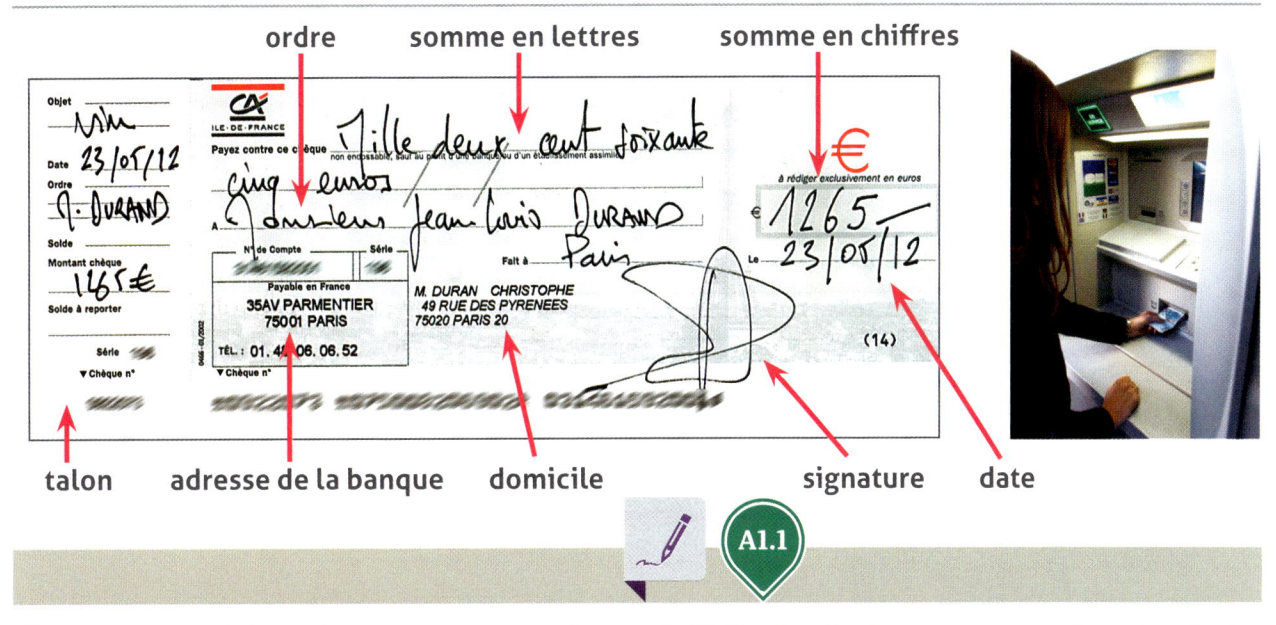

ordre — somme en lettres — somme en chiffres

talon — adresse de la banque — domicile — signature — date

A1.1

**b.** Libellez un chèque de 45 € et un autre de 12,28 € à l'ordre de deux personnes de votre choix.

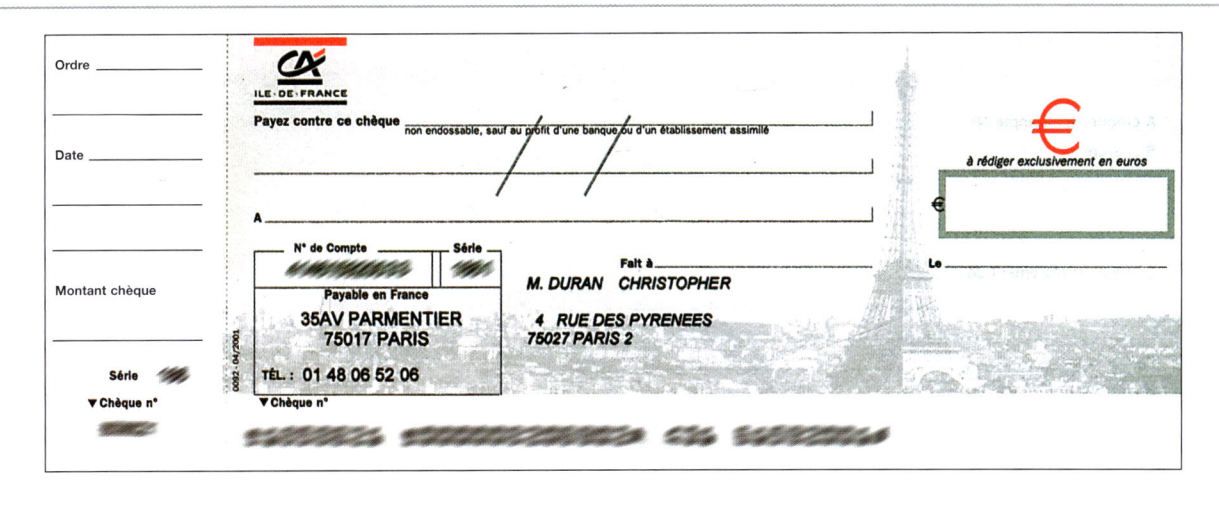

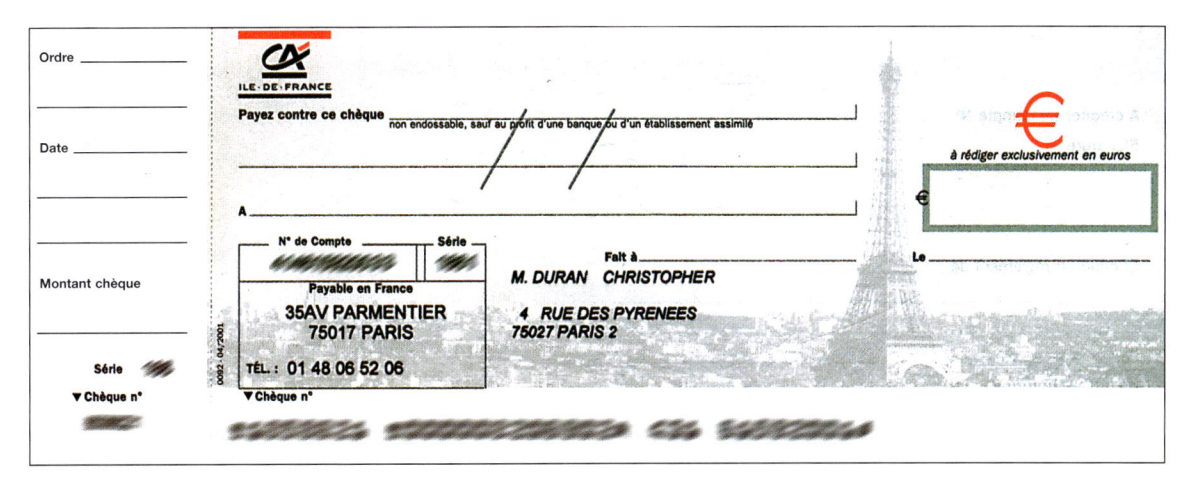

soixante-sept  67

# DÉCOUVERTE

## La monnaie

**1. Observez.**

Les billets

Les pièces

**À vous !**

**2. Avez-vous des pièces d'euro d'autres pays ? Si oui, comparez-les. Quels sont les pays européens que vous connaissez ?**

68 soixante-huit

*Unité 7*

## La Poste

**3.** Observez les timbres.

## Le courrier

**4.** Aidez le facteur à choisir la bonne boîte aux lettres.

Mme Charlier
8, rue des Puits
33000 Bordeaux

M. et Mme Camon
5, avenue du Parc
75011 Paris

Famille Pertie
2, Ulric Court
Duncraig – WA 6023
Australie

## Hum…

**5.** Que disent-ils ?

soixante-neuf **69**

## ÉCOUTER | OBSERVER | COMPARER

*Portraits*

**Comment avez-vous appris la langue de votre pays d'accueil ?**

### Rahma

À la télé et la radio. J'avais des cassettes de français aussi. J'ai appris le français en France, dans une association. J'ai appris beaucoup de choses. J'ai appris à lire, à écrire, et à parler aussi.

### Jorge

En écoutant la radio, ça aide énormément, à la télé aussi. C'est incroyable, il faut parler, se lancer… Il ne faut pas avoir peur, il faut parler avec les gens…

### David

J'ai essayé d'apprendre la langue sur le tas. Ma méthode : c'est l'écoute, être toujours à l'écoute… Dans le métro, j'étais toujours très attentif, ou dans le bus aussi. Je crois que j'ai mis bien six mois avant de pouvoir commencer à communiquer.

*Et Vous ?*

soixante-dix

# Unité 8

**20 / 20**

On
Mais
Parce que, donc
Très bien, bien, moyen, insuffisant

La scolarité
L'agenda
L'emploi du temps
Le bulletin scolaire

# EN DIRECT

## Après l'école

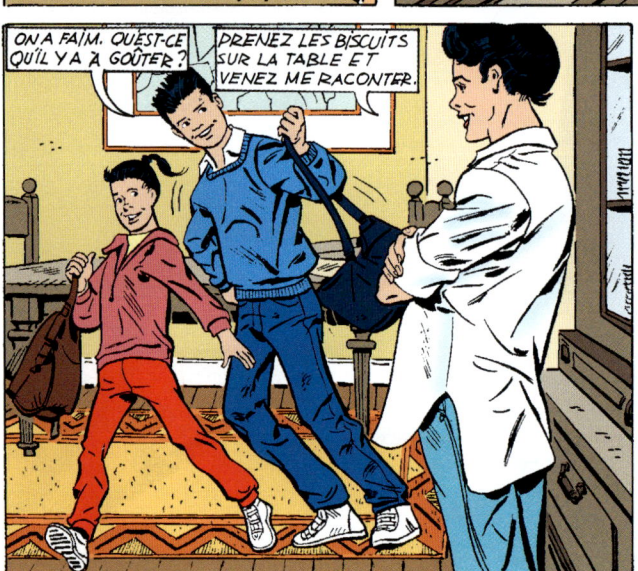

- Alors, mes chéris, ça s'est passé comment aujourd'hui ?
- Bien !

- On a faim. Qu'est-ce qu'il y a à goûter ?
- Prenez les biscuits sur la table et venez me raconter.

- Après-demain il y a le conseil de classe à 17 h. Les profs disent qu'on n'a pas de bons résultats !
- C'est parce que vous êtes nuls !

DRING !

- Allô ?
- Madame Martin ? Je suis le Principal du collège Jules Ferry. J'aimerais vous parler de votre fils Antoine.

- Je peux venir à 17 h 30. Ça vous va ?
- Très bien. Je vous attends donc demain à 17 h 30.

- Qu'est-ce que tu as fait ? Ton bulletin n'est pas meilleur cette fois-ci ?
- Je vais t'expliquer maman...

soixante-douze

# Unité 8

## Ça s'est passé comment ?

**1. Écoutez et répétez.**

Comment ça s'est passé ?
Comment a été votre journée ?
La journée a été bonne ?
La journée s'est bien passée ?

– Très bien, merci.
– Pas mal !
– Oui, très bonne.
– Non, pas du tout !

## On a faim !

**2. Reliez les propositions qui vont ensemble.**

Nous mangeons du chocolat.
Nous allons au cinéma.
Nous sommes au lycée.
Nous avons faim.
Nous étudions le français.
Nous habitons dans une maison.

On étudie l'histoire.
On mange des fruits.
On habite dans un appartement.
On est au collège.
On va à l'école.
On a soif.

## C'est parce que vous êtes nuls !

**3. a. Observez.**

Le prof est absent donc je n'ai pas cours.
Je n'ai pas cours parce que le prof est absent.

Il pleut, donc je suis mouillé.

Je suis mouillé, parce qu'il pleut.

**b. « Donc » ou « Parce que » ?
Complétez les phrases.**

Il fait beau ... je vais au marché.
Je vais au marché ... il fait beau.
Vous avez de bons résultats ... le professeur est content.
Le professeur est content... vous avez de bons résultats.

## Félicitations !

**4. Écoutez et répétez.**

C'est très bien !
Toutes mes félicitations !
Bravo !
Chapeau !

C'est pas terrible !
C'est nul !
Tu as tout raté !
Ça ne va pas du tout !

soixante-treize 73

# PRATIQUE

## Sur le vif

**1.** Observez les photos et écoutez. Que se passe-t-il ?

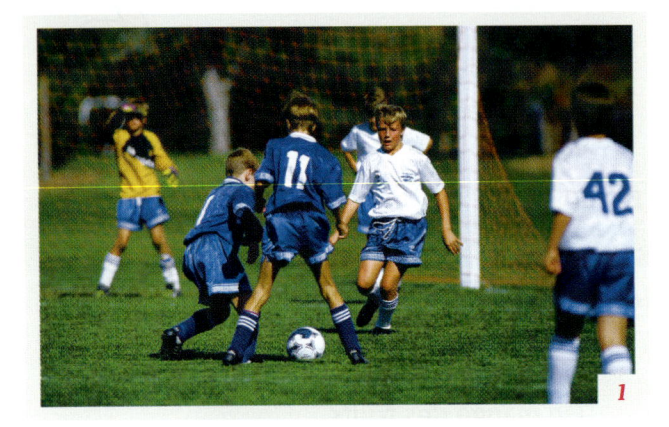

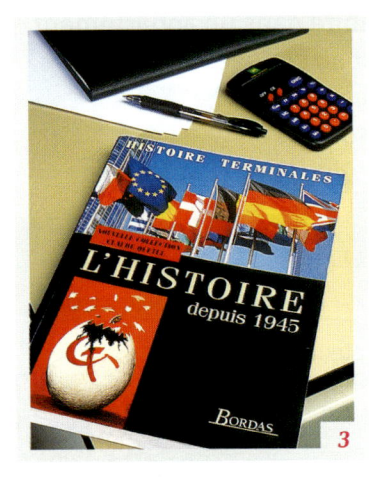

1

2

3

4

---

## Rythme et sons

### 1. Répétez.

1. Ils z ont leur examen.
2. Ils ont leur brevet.
3. Ils ont leur diplôme.
4. Ils ont de bonnes notes.
5. Ils ont de mauvaises notes.
6. Ils ont de bons résultats.

Ils sont bons.
Ils sont reçus.
Ils sont en vacances.
Ils sont forts.
Ils sont faibles.
Ils sont excellents.

### 2. Répétez.

1. Géo.   Géographie.
2. Maths.   Mathématiques.
3. Prof.   Professeur.
4. Récré.   Récréation.
5. Exo.   Exercice.
6. Exam.   Examen.
7. Dico.   Dictionnaire.
8. Ordi.   Ordinateur.
9. Ado.   Adolescent.

### 1. Écoutez et cochez ce que vous entendez.

|   | Exemple | 1 | 2 | 3 | 4 | 5 | 6 | 7 | 8 | 9 | 10 |
|---|---|---|---|---|---|---|---|---|---|---|---|
| singulier | le  X |  |  |  |  |  |  |  |  |  |  |
| pluriel | les |  |  |  |  |  |  |  |  |  |  |

74   soixante-quatorze

Unité 8

## L'emploi du temps

**2. a.** Antoine est au collège en 6e, voici son emploi du temps.

|  | LUNDI | MARDI | MERCREDI | JEUDI | VENDREDI |
|---|---|---|---|---|---|
| 9 h – 10 h | Français | Anglais | E.P.S. | S.V.T. | Technologie |
| 10 h – 11 h |  | Histoire-géo. |  | Anglais |  |
| 11 h – 12 h | Mathématiques | S.V.T. |  | Français | Éduc. musicale |
| 12 h – 13 h |  |  |  |  |  |
| 13 h – 14 h | Histoire-géographie | Mathématiques |  | Mathématiques | Français |
| 14 h – 15 h |  |  |  | E.P.S. |  |
| 15 h – 16 h | Anglais | Arts plastiques |  |  | Anglais |

**b. Aidez-le à répondre aux questions de sa mère.**

1. Combien d'heures de français as-tu ?...
2. Quelle langue apprends-tu ?...
3. Quelles sont les matières scientifiques ?...
4. Que fais-tu le mercredi matin ?...
5. À quelle heure finis-tu le vendredi ?...
6. Tu as plus d'heures de maths que de français ?...

## L'agenda

**3. a.** Voici l'agenda d'Antoine.

AGENDA SCOLAIRE

**Lundi**
Maths : exercices 4 et 5 p. 28.
Français : rédaction à rendre.

**Mardi**
Hist-géo : réviser les 2 dernières leçons pour l'interrogation écrite.
Anglais : lire le texte p. 35 et répondre aux questions.

**Mercredi**
Sport : prendre mes affaires !

Semaine du 18 novembre

**Jeudi**
Maths : faire exercices 6 et 7 p. 28.
Anglais : répondre au questionnaire sur Londres.

**Vendredi**
Histoire-géo. : lire leçon sur les élections.
Anglais : relire la leçon de vocabulaire.

**Samedi**

**b. Répondez aux questions.**

Le questionnaire d'anglais est sur New York.
Pour lundi, il y a des exercices de maths à faire.
Le mercredi, Antoine a EPS.
En anglais, il n'y a rien à faire.
En histoire-géo., il étudie les élections.

| VRAI | FAUX |
|---|---|
|  |  |
|  |  |
|  |  |
|  |  |
|  |  |

**c. Cherchez l'erreur !**

Antoine s'est trompé de jour en écrivant ses devoirs, mais pour quelle matière ?

soixante-quinze 75

# DÉCOUVERTE

## Le sens des mots  A1.1

**1.** Le professeur de français a demandé aux élèves de chercher la signification de 3 mots dans le dictionnaire. Aidez-les !

Cherchez :  Dictionnaire
  Encyclopédie
  Magazine

---

**ÉTUDIANT** [etydjɑ̃] n. m. et adj., **ÉTUDIANTE** [etydjɑ̃t] n. f. et adj. **1.** UN ÉTUDIANT, UNE ÉTUDIANTE : une personne qui fait des études à l'université ou dans une école supérieure (→ **élève**). *Son fils est étudiant en lettres à l'Université de Strasbourg. Elle est étudiante dans une école d'ingénieurs. Au cinéma, il y a des réductions pour les étudiants.* **2.** adjectif (après le nom) Qui concerne les étudiants. *Après toutes ces années au lycée, il apprécie la vie étudiante. Le mouvement étudiant a décidé la grève des cours pour réclamer plus de professeurs.*

**ÉTUDIÉ** [etydje], **ÉTUDIÉE** [etydje] adj. (après le nom) **1.** Médité et préparé. *Le ministre a prononcé un discours très étudié.* (contraire : improvisé) – *Nos prix sont très étudiés,* calculés au plus juste, relativement bas pour la qualité des produits. **2.** (attitude, geste) Peu naturel. *Elle a des gestes trop étudiés.* (contraire : spontané)

▶ **ÉTUDIER** [etydje] verbe [conjugaison 7a] **1.** Chercher à acquérir la connaissance de. *Il étudie l'anglais et le français.* → **apprendre**. *Sa fille étudie le piano, elle apprend à en jouer.* **2.** Chercher à comprendre en examinant. *Les chercheurs étudient les réactions des animaux à ce nouveau vaccin.* → **observer**. *Les élèves de français ont étudié cette année une pièce de Molière.* → **analyser**. **3.** Examiner avec soin. *Ils ont étudié toutes les possibilités. Il faut que nous étudiions la situation. Les ingénieurs ont étudié comment fabriquer ce nouveau moteur d'avion.* **4.** Examiner pour décider, pour agir. *J'étudierai* [etydiʀe] *toutes vos suggestions.* → **considérer**. *Cette question mérite d'être étudiée.* **5.** (science) Traiter un sujet. *La sociologie étudie l'homme en société.* **6.** (qqn) Faire ses études. *Son fils étudie à l'Université* (→ **étudiant**).

▶ **DICTER** [dikte] verbe [conjugaison 1a] **1.** Dire (un texte) à voix haute en détachant bien les mots pour qu'une autre personne l'écrive au fur et à mesure. *Le professeur dicte aux élèves l'énoncé du devoir de français.* **2.** Indiquer en secret et à l'avance à qqn (ce qu'il doit faire ou dire). *C'est sa mère qui lui a dicté sa conduite.* → **inspirer, suggérer**. *L'attitude de nos adversaires dictera* [diktəʀa] *la nôtre.* **3.** Imposer. *Les ravisseurs DICTENT LEURS CONDITIONS pour relâcher les otages. Personne ne lui a jamais DICTÉ SA LOI.*

**DICTION** [diksjɔ̃] n. f. ▪ LA DICTION : manière de prononcer, de réciter (un discours, des vers). → **élocution**. *Il prend des cours de diction, car il veut être comédien. Elle a une bonne diction.*

▶ **DICTIONNAIRE** [diksjɔnɛʀ] n. m. ▪ UN DICTIONNAIRE : recueil de mots classés par ordre alphabétique donnant leur orthographe et leurs sens ou leur traduction dans une autre langue. *Cherche dans le dictionnaire comment s'écrit le mot « dextérité » et ce qu'il signifie. C'est souvent utile de consulter des dictionnaires. Ce dictionnaire signale les difficultés de la langue. Ce mot n'est pas dans le dictionnaire. Ce dictionnaire est un bilingue*

**ENCYCLOPÉDIE** [ɑ̃siklɔpedi] n. f. ▪ UNE ENCYCLOPÉDIE : livre qui fait le tour de toutes les connaissances dans tous les domaines ou dans un domaine précis. *Ils ont une encyclopédie en vingt volumes. Elle consulte son encyclopédie de l'architecture. – C'est une encyclopédie vivante :* il connaît tout, il est très savant dans tous les domaines.

**ENCYCLOPÉDIQUE** [ɑ̃siklɔpedik] adj. (après le nom) **1.** UN DICTIONNAIRE ENCYCLOPÉDIQUE : dictionnaire qui donne des renseignements sur les mots et sur les choses qu'ils désignent (opposé à dictionnaire de langue). *Il consulte un dictionnaire encyclopédique pour voir la durée de vie des cigognes.* **2.** Qui concerne l'ensemble des connaissances. *Elle a une culture encyclopédique.*

▶ **MAGASIN** [magazɛ̃] n. m. ▪ UN MAGASIN **1.** Lieu où l'on vend des marchandises. *Il y un magasin de jouets en bas de chez eux.* → **boutique**. *Il est parti faire les courses dans un magasin d'alimentation. Elle va une fois par semaine dans un MAGASIN À GRANDE SURFACE.* → **hypermarché, supermarché**. *Le magasin est ouvert de neuf heures à dix-neuf heures. – Elle s'est achetée une robe dans un GRAND MAGASIN,* un magasin sur plusieurs étages où l'on vend toutes sortes de choses. *Il n'aime pas aller dans les grands magasins. – Elle aime FAIRE LES MAGASINS,* faire du shopping. **2.** Lieu où sont stockées des marchandises. *Nous n'avons pas cet article en magasin. Le blé est dans les magasins du port.* → **entrepôt**. **3.** Partie creuse (d'une arme à feu, d'un appareil photo). *Le magasin du revolver est vide. Je mets une nouvelle pellicule dans le magasin de mon appareil photo.*

— FAUX AMI —
italien **magazzino**
« entrepôt »

**MAGASINAGE** [magazinaʒ] n. m. ▪ FAIRE DU MAGASINAGE : faire des courses dans les magasins, aller dans les boutiques. *Elle passe des heures à faire du magasinage.* → **shopping**.

▪ REM. Ce mot est employé au Québec, pour éviter l'anglicisme *shopping* que l'on utilise en France.

▶ **MAGAZINE** [magazin] n. m. ▪ UN MAGAZINE **1.** Revue généralement illustrée, qui paraît toutes les semaines ou tous les mois. *Elle est abonnée à un magazine féminin.* → **journal**. *Il lit un magazine dans la salle d'attente.* **2.** Émission régulière de radio ou de télévision, sur un sujet particulier. *Il regarde un magazine littéraire à la télévision.*

*Dictionnaire du Français.*
Édit. CLE International - Le Robert.

# Unité 8

## La Poste

**2. a.** Observez.

| | COLLÈGE JULES-FERRY | | ANTOINE MARTIN : 6ᵉ B. / 3ᵉ trimestre - Moyenne générale : 11,87 |
|---|---|---|---|

| MATIÈRES | MOYENNE | MOYENNE CLASSE | OBSERVATIONS |
|---|---|---|---|
| Français | 12 | 11,6 | Peut faire mieux |
| Histoire – géographie | 8 | 10,2 | Les résultats ont baissé. Il faut se ressaisir ! |
| Éducation civique | 10 | 10,5 | Correct |
| Mathématiques | 11,5 | 11,6 | Élève moyen |
| Technologie | 14,2 | 12,5 | bon élève |
| Sciences de la vie et de la terre | 12 | 11,1 | A progressé, c'est bien |
| Anglais | 15 | 12,7 | Très bon résultat. Élève attentif. |
| Éducation physique et sportive | 13 | 12,8 | Bien. |
| Arts plastiques | 16 | 15,4 | Résultats très satisfaisants. |
| Éducation musicale | 7 | 14,9 | Insuffisant. |

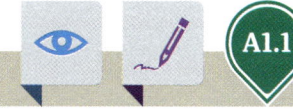

**b.** Cherchez.

Les matières où la moyenne d'Antoine est supérieure à 12 : ...............
Les matières où Antoine a une moyenne inférieure à la moyenne de classe : ...............
Les observations positives : ...............
Les observations négatives : ...............
La moyenne générale d'Antoine : ...............
Sa meilleure moyenne : ...............
Sa plus mauvaise moyenne : ...............

## La vie scolaire

**3.** Cochez la ou les bonnes réponses.

| | PRIMAIRE | COLLÈGE | LYCÉE |
|---|---|---|---|
| Le principal | | X | |
| Le conseil de classe | | | |
| La réunion parents - professeurs | | | |
| La cantine | | | |
| Le proviseur | | | |
| Le directeur | | | |
| Les heures de permanence | | | |

## Qu'est-ce que tu as fait ?

**4.** Observez. Que veulent dire ces gestes ?

soixante-dix-sept 77

## ÉCOUTER | OBSERVER | COMPARER

*Portraits*

Comment vous êtes-vous adapté à la société française ?
Quels sont les changements par rapport à votre pays d'origine ?

### Rahma

Dans mon pays ce n'est pas la même chose… Par exemple les maisons de retraite n'existent pas. C'est la famille qui s'occupe des personnes âgées. En France, les gens travaillent et n'ont pas le temps de s'en occuper. Maintenant j'ai pris l'habitude et je trouve que c'est normal qu'il y ait des maisons de retraite.

### Jorge

Le fait de vivre en France suppose de nous adapter. Par exemple on sait que les Français ont du mal à prononcer certains sons d'autres langues. Donc je ne vais pas demander à 60 millions de Français de s'adapter à ma prononciation. C'est à moi de faire le boulot.

### Ibnou

Ce qui a été difficile dans mon adaptation, ça a été surtout au niveau de l'alimentation…

*Et Vous ?*

# Unité 9

## Ça va ? Ça va !

Les pages jaunes
Le corps humain
SAMU, POLICE, POMPIERS

Comment allez-vous ?
J'ai mal...
Je peux, vous pouvez...
Je sais...
Allô

# EN DIRECT

## Chez le médecin

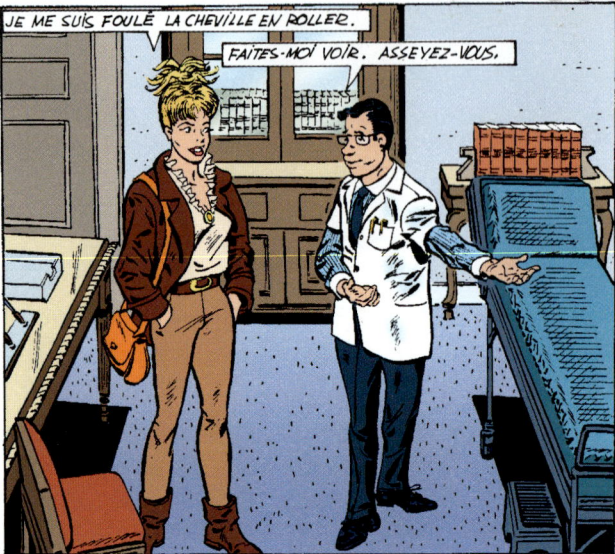

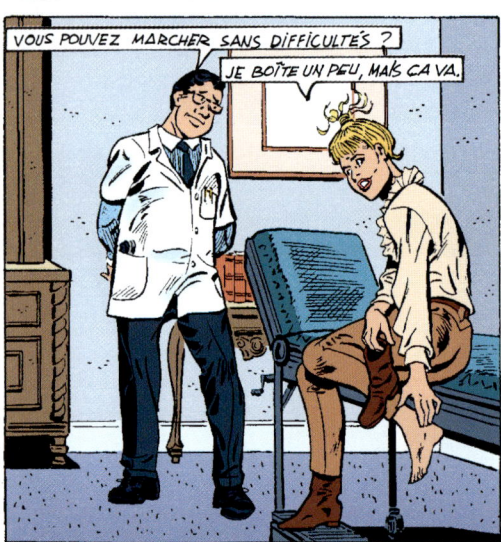

- Bonjour docteur !
- Bonjour mademoiselle ! Alors, qu'est-ce qui ne va pas ?
- Je me suis foulé la cheville en roller.
- Faites-moi voir. Asseyez-vous.
- Vous pouvez marcher sans difficultés ?
- Je boîte un peu, mais ça va.
- AÏE !
- Écoutez, ce n'est pas très grave, mais il faut arrêter le roller pendant quelque temps.
- C'était prévu ! Je pars au ski ce week-end !
- ?!

80 quatre-vingt

# Unité 9

## Ça va ? Ça va !

**1. Écoutez et répétez. Et vous, comment allez-vous ?**

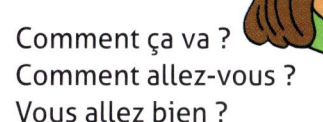

Comment ça va ?
Comment allez-vous ?
Vous allez bien ?

– Ça va !
– Très bien, merci ! Et vous ?
– Je suis en pleine forme.

– Ça ne va pas.
– Ça ne va pas fort.
– Ça ne va pas du tout.

## Qu'est-ce qui ne va pas ?

**2. Écoutez et répétez. Donnez des conseils.**

Je ne me sens pas très bien.
Je suis fatigué.
J'ai mal au cœur.
J'ai des palpitations.
J'ai des vertiges.
J'ai pris froid.
J'ai de la température.
Je n'ai pas le moral.

LES YEUX — LA TÊTE
LE NEZ
LES DENTS — LA BOUCHE
LA MAIN
LE MENTON — LE BRAS
LE DOS
LE VENTRE — LES REINS
LE NOMBRIL
LE POING
LES JAMBES
LA CHEVILLE
LE PIED

## Vous avez mal ?

**3. Dites où ils ont mal.**

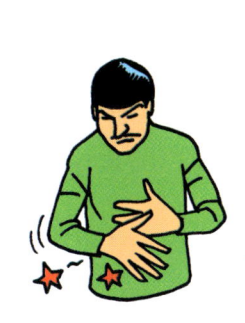

## Vous pouvez marcher sans difficulté ?

**4. Écoutez et répétez.**

Vous pouvez m'aider, s'il vous plaît ?
Vous pouvez parler plus lentement ?
Vous pouvez répéter ?

– Pas de problème.
– Oui, bien sûr.
– D'accord.

P. 129 *Grammaire*

quatre-vingt-un **81**

## PRATIQUE

### Sur le vif — A1.1

1. Regardez et écoutez. Où ont été prises ces photos ? Que se passe-t-il ?

### Rythme et sons

**1. Répondez comme dans l'exemple.**

a. *Exemple :* A. *Tu fais des arts plastiques ?*  B. *J'aime bien les arts plastiques.*
1. A. Tu fais des arts plastiques ? B. ...
2. A. Tu fais des sciences de la vie ? B. ...
3. A. Tu fais de l'histoire géo ? B. ...
4. A. Tu fais de l'éducation civique. B. ...

b. *Exemple :* A. *Nous voulons appeler.*  B. *Je peux appeler.*
1. A. Nous voulons appeler. B. ...
2. A. Nous voulons décrocher. B. ...
3. A. Nous voulons numéroter. B. ...
4. A. Nous voulons écouter. B. ...
5. A. Nous voulons raccrocher. B. ...

**1. Répétez.**
1. F - L - M - N - R - S - Z
2. B - C - D - G - P - T - V - W
3. A - E - I - O - U - Y
4. A - H - K
5. I - J - X
6. U – Q

82 quatre-vingt-deux

# Unité 9

## L'ordre alphabétique  A1.1

**2. Classez comme dans l'exemple.**

Exemple : I A E ➜ A E I

a. C B F ➜ ___     J G O ➜ ___     H L J E M ➜ _____     Z U T K O ➜ _____

b. MÉDECINS ...          PARIS ...          VÉTÉRINAIRE ...
   ADMINISTRATION ...    LYON ...           DOCTEUR ...
   ENSEIGNEMENT ...      MARSEILLE ...      DENTISTE ...
   VÊTEMENTS ...         TOULOUSE ...       ORTHOPHONISTE ...
   LOCATION ...          LILLE ...          OPHTALMOLOGUE ...

## Les pages jaunes  A1

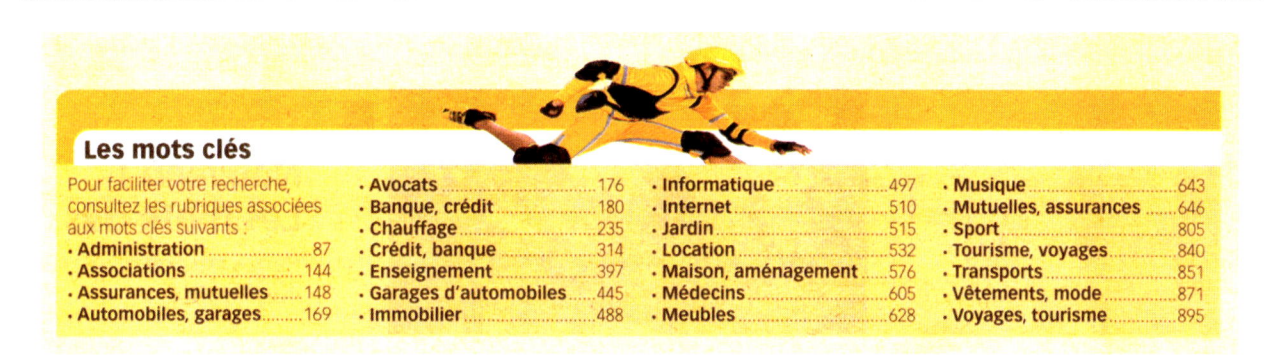

**3. Trouvez la ou les rubriques correspondant à chaque dessin ci-dessous, à droite.**

### Les mots clés

Pour faciliter votre recherche, consultez les rubriques associées aux mots clés suivants :

- Administration ............ 87
- Associations .............. 144
- Assurances, mutuelles .... 148
- Automobiles, garages .... 169
- Avocats .................. 176
- Banque, crédit ........... 180
- Chauffage ................ 235
- Crédit, banque ........... 314
- Enseignement ............ 397
- Garages d'automobiles ... 445
- Immobilier ............... 488
- Informatique ............. 497
- Internet ................. 510
- Jardin ................... 515
- Location ................. 532
- Maison, aménagement ... 576
- Médecins ................ 605
- Meubles ................. 628
- Musique ................. 643
- Mutuelles, assurances ... 646
- Sport ................... 805
- Tourisme, voyages ...... 840
- Transports ............. 851
- Vêtements, mode ....... 871
- Voyages, tourisme ..... 895

*a* — *b* — *c* — *d*

## Prendre un rendez-vous

**4. Complétez l'emploi du temps.**

|        | SAMEDI      | LUNDI   | MARDI     |
|--------|-------------|---------|-----------|
| 09 h   | DUBOIS      | ......  | ......    |
| 09 h 30| WISNIEWSKI  |         |           |
| 10 h   | MUJANOVIC   | ......  | ......    |
| 10 h 30| ......      | PERRIN  | ......    |
| 11 h   | ......      | ......  | VIDAL     |
| 11 h 30| ......      | ......  | HEUMANN   |
| 14 h   |             | ......  | ......    |
| 14 h 30|             | DELORME | ......    |
| 15 h   |             | MEUNIER | DESGRAND  |
| 15 h 30|             | ......  | ......    |
| 16 h   |             | ......  | ......    |
| 16 h 30|             | ......  | ......    |
| 17 h   |             | ......  | ......    |
| 17 h 30|             | ......  | MESSAOUDI |

## À vous !  A1.1

**5. Simulez d'autres conversations téléphoniques et complétez l'agenda du docteur Benoît.**

quatre-vingt-trois  83

# DÉCOUVERTE

## Les premiers secours    A1.1

**1.** Regardez les dessins. Imaginez ce qu'il s'est passé. Dans chaque cas, comment faut-il réagir ?

### SAIGNEMENT

→ Comprimez[1] immédiatement la plaie avec la main. Enfilez si possible un gant.
→ Allongez la personne.
→ Alertez les secours.
→ Continuez à comprimer jusqu'à l'arrivée des secours.
→ Surveillez la personne jusqu'à l'arrivée des secours.

la plaie

### INCONSCIENCE

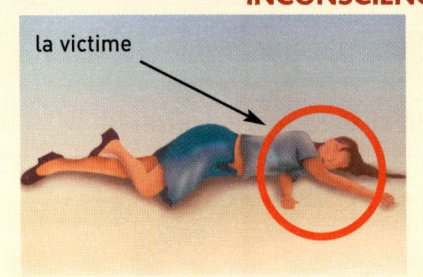

la victime

→ Penchez prudemment[2] la tête en arrière. Tirez le menton vers le haut. La langue ne doit pas tomber dans la gorge et gêner[3] la respiration. Vérifiez[4] qu'il n'y a rien dans la bouche.
→ Vérifiez que la victime respire (se pencher au-dessus de sa bouche).
→ Tournez la victime sur le côté.
→ Alertez les secours.
→ Surveillez la victime jusqu'à leur arrivée.

### ÉTOUFFEMENT

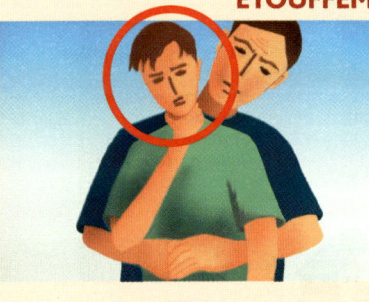

Mettez-vous[5] derrière la personne. Penchez-la en avant et passez une main sous sa poitrine. Donnez cinq claques dans le dos avec l'autre main.
Si ça ne marche pas,
- passez vos bras sous les bras de la personne,
- mettez un poing au-dessus du nombril, l'autre main par-dessus votre poing,
- enfoncez[6] rapidement le poing vers vous et vers le haut.
Recommencez cinq fois.

[1] serrez   [3] empêcher   [5] vous êtes
[2] doucement   [4] regardez   [6] appuyez

## Les numéros d'urgence    A1.1

**2.** Quel numéro d'urgence faut-il appeler dans ces situations ? Simulez les appels.

| | |
|---|---|
| SAMU | 15 |
| POLICE | 17 |
| POMPIERS | 18 |
| APPEL D'URGENCE EUROPÉEN | 112 |

84  quatre-vingt-quatre

# Unité 9

## Les antibiotiques, c'est pas automatique

**3.** Que faites-vous quand vous êtes malade ?

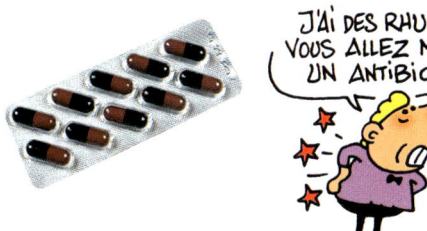

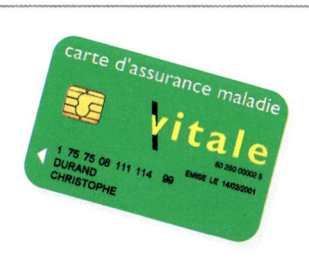

*J'AI DES RHUMATISMES ! VOUS ALLEZ ME PRESCRIRE UN ANTIBIOTIQUE ?...*

## Téléphone

**4.** Associez chaque consigne à une photo.

| RETIREZ VOTRE CARTE | INTRODUIRE VOTRE CARTE OU FAIRE N° LIBRE NUMÉROTEZ | DÉCROCHEZ | PATIENTEZ SVP |
| | | | RACCROCHEZ |

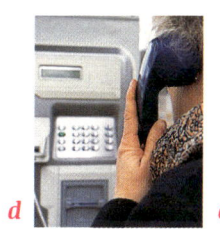

*a   b   c   d   e*

## Mini-message

**5.** Reliez comme dans l'exemple.

| Qd c kon se voit | D'accord |
| A + | Je t'aime |
| Dak | À plus |
| Je t'm | Quand c'est qu'on se voit ? |
| Chepa | Je sais pas |

## ? !

**6.** Dites comment il se sent.

quatre-vingt-cinq  **85**

## ÉCOUTER | OBSERVER | COMPARER

*Portraits*

Qu'est-ce qui a facilité votre intégration en France ?

### Rahma

Ma famille. Ma tante, ma sœur. Et après, mon mari. C'est lui qui m'a appris beaucoup le français.

### Houria

La langue, la maîtrise de la langue.

### Li Phang

Apprendre la langue. Les rencontres dans les associations qui organisent des activités pour les étrangers.

*Et Vous ?*

# ÉVALUATION — Bilan 3

## 1. Classez dans l'ordre alphabétique.

a. FRANÇAIS
MATHÉMATIQUES
HISTOIRE
GÉOGRAPHIE
ESPAGNOL

b. FAUDEL
ZEBDA
M
BREL
HALLYDAY

c. MOLIÈRE
PEREC
PRÉVERT
PENNAC
LA FONTAINE

## 2. Qu'est-ce que c'est ?

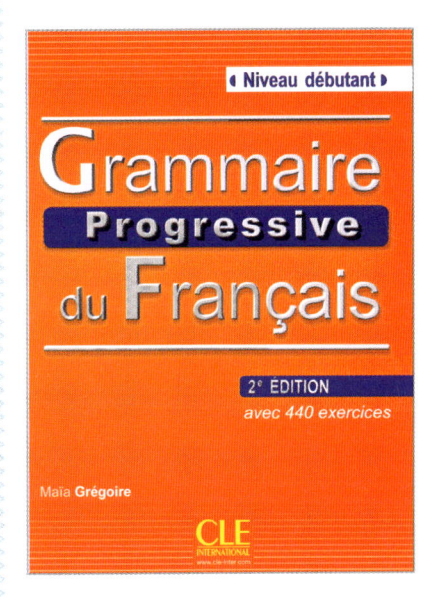

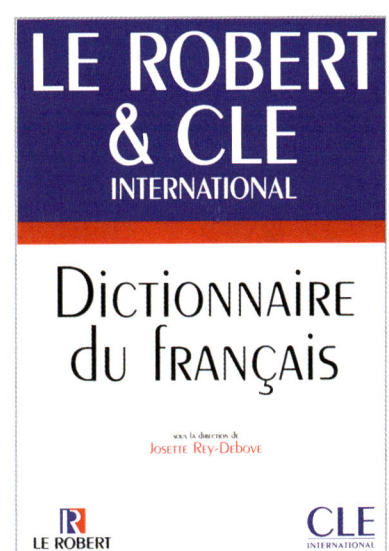

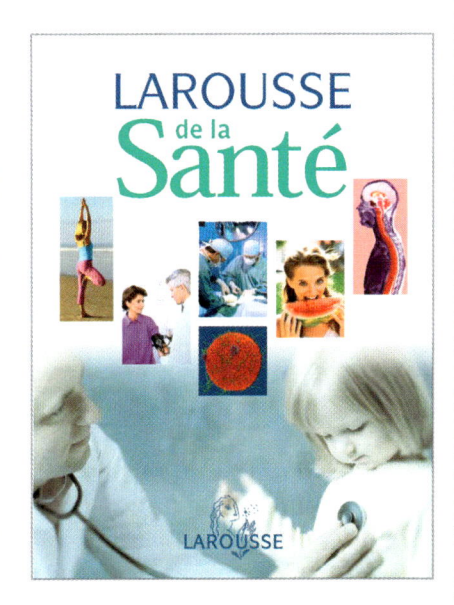

*Grammaire Progressive du Français — Niveau débutant, 2ᵉ édition, avec 440 exercices, Maïa Grégoire, CLE International*

*Le Robert & CLE International — Dictionnaire du français, sous la direction de Josette Rey-Debove*

*Larousse de la Santé*

## 3. Classez les appréciations suivantes dans la bonne colonne.

satisfaisant, très bons résultats, bon élève, peut mieux faire, correct, ensemble moyen, élève attentif, insuffisant, assez bien, passable, résultats médiocres.

| 👍 | ✋ | 👎 |
|---|---|---|
| satisfaisant | ............ | ............ |
| ............ | ............ | ............ |
| ............ | ............ | ............ |
| ............ | ............ | ............ |

# ÉVALUATION

**Bilan 3**

**4. Complétez avec** *parce que* **ou** *donc***.**

*Exemple* : J'ai mal à la tête, parce qu'il y a du bruit.

1. J'ai mal à la tête, ..... je prends un cachet.
2. Il faut que j'achète un cadeau, ..... c'est l'anniversaire de ma fille demain.
3. Il faut que j'achète un cadeau, ..... je vais en ville cet après-midi.
4. C'est écrit « Entrez sans frapper svp », ..... entrez !
5. C'est écrit « Entrez sans frapper svp », ..... il n'y a pas de secrétaire

**5. Remplacez** *nous* **par** *on***.**

*Exemple* : Nous pouvons nous rencontrer demain. → **On peut se rencontrer demain.**

1. Nous avons rendez-vous à la banque. → ...................
2. Nous sommes en retard. → ...................
3. Nous désirons ouvrir un compte. → ...................

**6. Écrivez en chiffres.**

*Exemple* : Six cent vingt euros et trente-sept centimes. → **620,37€.**

1. Soixante-sept euros et seize centimes → ...................
2. Deux cent quinze euros et dix centimes → ...................
3. Mille euros et quatorze centimes → ...................

**7. Écrivez en lettres.**

*Exemple* : 418,22 € → **quatre cent dix-huit euros et vingt-deux centimes.**

1. 63,73 € → ...................
2. 852,11 € → ...................
3. 3100,44 € → ...................

**8. Payez les sommes suivantes.**

23 €[12]     | 20 € | 2 € | 1 € | 10 c | 2 c |

35 €[21]

52 €[88]

248 €[57]

88      quatre-vingt-huit

# Unité 10

*un film de* **Jacques Tati**

## Bonne route !

La voiture
Le code de la route
Le permis de conduire
La sécurité routière

D'accord, pas d'accord
Tout à fait
Attention !
C'est interdit
Ça m'agace !

# EN DIRECT

## Priorité à droite

A1.1

— Bouh, j'ai eu une de ces peurs !
— Les enfants, vous allez bien ?
— Vous n'êtes pas un peu fou de rouler si vite ?
— Pas du tout ! J'étais à 20 km/h !
— Mon œil ! Et la priorité à droite ?

— Mon mari a raison. Et en plus vous étiez au téléphone !
— C'est interdit !
— Ça m'agace ! La portière avant est enfoncée !
— Ne vous affolez pas, on va faire un constat et mon assurance va vous dédommager !

— Vous comprenez pourquoi il faut toujours attacher sa ceinture à l'avant comme à l'arrière !
— Vous allez être en retard à la piscine ! Prêts ?

90 quatre-vingt-dix

# Unité 10

## Pas du tout !

**1. Écoutez et répétez.**

En France, la vitesse en ville est limitée à 60 km/h.

C'est complètement faux !

Je ne suis pas d'accord.
Ce n'est pas vrai !
C'est faux !
🙂 C'est n'importe quoi !
Vous vous moquez de moi ! ?

## Mon mari a raison

**2. Écoutez et répétez.**

On peut conduire à partir de 16 ans.

Je n'en suis pas sûre !

C'est exact, mais il faut être accompagné.

Tout à fait !
C'est exact !
C'est vrai !
Absolument !

C'est à voir !
C'est à vérifier !
Ce n'est pas sûr !
Ce n'est pas certain !
🙂 Mouais !

## C'est interdit !

**3. Écoutez et répétez. À quel dessin correspond chaque interdiction ?**

BAIGNADE INTERDITE

## Ça m'agace ! Ne vous affolez pas !

**4. Écoutez et répétez.**

Je suis furieux !
Je suis en colère !
Ça m'ennuie !
🙂 Ça m'énerve !
Ça me casse les pieds !

Ne vous affolez pas !
Du calme !
Pas de panique !
Soyez sans crainte !
On va trouver une solution.

## Il faut toujours attacher sa ceinture !

**5. Donnez les avertissements adaptés à chaque situation.**

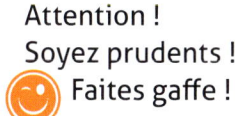

Attention !
Soyez prudents !
🙂 Faites gaffe !

quatre-vingt-onze  **91**

# PRATIQUE

## Sur le vif

A1.1

1. Observez les photos et écoutez. Que se passe-t-il ?

## Rythme et sons

1. Écoutez et cochez ce que vous entendez.

|   | Exemple | 1 | 2 | 3 | 4 | 5 | 6 | 7 | 8 | 9 | 10 |
|---|---------|---|---|---|---|---|---|---|---|---|----|
| « sûr » | le X |   |   |   |   |   |   |   |   |   |    |
| « sourd » | les |   |   |   |   |   |   |   |   |   |    |

2. Répétez.

1. A. Zut ! Voilà la pluie !
2. A. Tes essuie-glaces sont usés ?
4. A. Sois prudent !

3. B. Oui, je suis gêné pour conduire.

5. B. Un accident s'est produit.
6. B. Il y avait trois voitures.

7. A. Tu dois être prudent
8. A. quand tu conduis sous la pluie !

1. Répondez comme dans l'exemple.

Exemple : A. J'arrête ?                B. *Oui, arrête !*
1. A. J'arrête ?                        B. …
2. A. Au stop ?                         B. …
3. A. À droite ?                        B. …
4. A. Cette route ?                     B. …
5. A. La route interdite ?              B. …

92  quatre-vingt-douze

# Unité 10

## La voiture

**2. Faites les bonnes associations comme dans l'exemple.**

1. Une roue
2. Le pare-chocs
3. Les phares
4. Le capot
5. Un pneu
6. Le pare-brise
7. Le coffre
8. Une aile
9. Une portière
10. Un rétroviseur

1. Le volant
2. Le clignotant
3. Le frein à main
4. Le levier de vitesse
5. La boîte à gants
6. Les pédales
7. Le compteur
8. Le klaxon
9. Les essuie-glaces
10. Un siège

## Atelier d'écriture

**3. Sur le modèle suivant, écrivez un texte avec le vocabulaire de la conduite automobile.**

Quitter un appartement. [...]
Ranger classer trier
Éliminer jeter fourguer
Casser
Brûler
Descendre [...] dévisser décrocher

Débrancher détacher couper tirer démonter plier [...]
Entasser ficeler [...]
Enlever porter soulever
Balayer
Fermer
Partir

G. Perec, *Espèces d'espace*, édit. Galilée, oct. 2000

## Je vous conseille

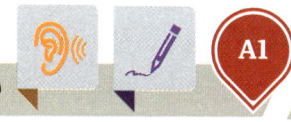

**4. Écoutez et complétez les croquis.**

Véhicule A

10. Indiquer par une flèche (→) le point de choc initial

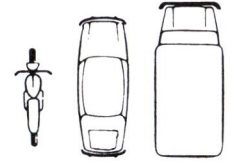

Véhicule B

10. Indiquer par une flèche (→) le point de choc initial

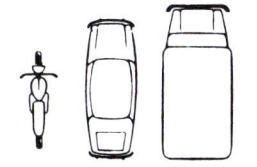

## Fait divers

**5. Repérez les mots connus et indiquez les circonstances de l'accident.**

### Saint-Étienne TROIS BLESSÉS DANS UNE COLLISION

Un accident de la circulation s'est produit samedi à 12 h 50 à l'intersection du boulevard Daguerre et de la rue du 11 novembre à Saint-Étienne. Une Peugeot venant de la rue du 11 novembre, conduite par Lionel Coll, demeurant à Lille (Nord) est entrée en collision avec une Renault conduite par Sylvie Thomas domiciliée à Saint-Étienne et circulant boulevard Daguerre. Les deux conducteurs, ainsi que la passagère avant de la Renault, ont été légèrement blessés et transportés à l'hôpital par les pompiers.

quatre-vingt-treize

# DÉCOUVERTE

## Le code de la route

**1. a.** Cochez la bonne réponse.

**1 -** Que signifie ce panneau ?
☐ défense de fumer
☐ sens interdit
☐ sens unique

**2 -** Que signifie ce panneau ?
☐ il est interdit de courir
☐ les enfants doivent être tenus par la main
☐ endroits fréquentés par les enfants

**3 -** Que signifie ce panneau ?
☐ dos d'âne
☐ traversée de dromadaires
☐ attention, soucoupe volante

**4 -** Le feu est orange :
☐ vous démarrez
☐ vous vous arrêtez
☐ vous faites demi-tour

**5 -** Un piéton traverse :
☐ vous accélérez
☐ vous vous arrêtez
☐ vous klaxonnez

**6 -** Que signifie ce panneau ?
☐ les voitures rouges n'ont pas le droit de doubler
☐ interdiction de dépasser
☐ il est défendu de doubler une voiture noire

**7 -** Que signifie ce panneau ?
☐ zoo
☐ passage d'animaux domestiques
☐ meuh !

**8 -** Que signifie ce panneau ?
☐ travaux
☐ mine de charbon
☐ cimetière

**9 -** Que signifie ce panneau ?
☐ point d'exclamation
☐ point d'interrogation
☐ attention, danger !

**10 -** Que signifie ce panneau ?
☐ succession de virages dangereux
☐ prenez la 1re rue à gauche, puis la 1re rue à droite et continuez tout droit
☐ Danger : électricité !

**11 -** Que signifie ce panneau ?
☐ chaussée glissante
☐ virage dangereux
☐ boire ou conduire, il faut choisir !

**12 -** Que signifie ce panneau ?
☐ les barbecues sont interdits
☐ interdiction de fumer
☐ risque d'incendie

**13 -** Que signifie ce panneau ?
☐ il est défendu de tourner à gauche
☐ il est interdit de tourner à droite
☐ défense de regarder à gauche

**14 -** Que signifie ce panneau ?
☐ arrivée du Tour de France
☐ piste cyclable
☐ le port du casque, c'est pas obligatoire, c'est juste indispensable

**15 -** Que signifie ce panneau ?
☐ stop
☐ cédez le passage
☐ arrêt de bus

**16 -** Que signifie ce panneau ?
☐ débouché sur un quai ou une berge
☐ lavage auto
☐ baignade interdite

**b. Quelle pourrait être la signification de ces panneaux ?**

## À vous !

**2.** Imaginez des panneaux et dites ce qu'ils signifient.

94 quatre-vingt-quatorze

# Unité 10

## Le permis à points

**3.** Quels sont les comportements autorisés, interdits ou tolérés ?

| Comportement | Interdit | Sanction | Effectivement réprimé |
|---|---|---|---|
| Téléphoner avec le mobile à l'oreille | oui | 35 € + 2 pts | oui |
| Téléphoner avec une oreillette | oui | 35 € + véhicule immobilisé | non |
| Téléphoner avec deux oreillettes | oui | 35 € + véhicule immobilisé | oui |
| Téléphoner avec un dispositif mains libres | oui | 35 € + véhicule immobilisé | non |
| Manger un sandwich | oui | 35 € + véhicule immobilisé | oui |
| Boire (avec ou sans alcool) | oui | 35 € + véhicule immobilisé | non |
| Lire une carte ou un plan | oui | 35 €+ véhicule immobilisé | non |
| Regarder un dvd | oui | 35 € + véhicule immobilisé | oui |
| Écouter une radio à fort volume | oui | 35 € + véhicule immobilisé | non |
| Écouter de la musique avec un baladeur | oui | 35 € + véhicule immobilisé | oui |
| Changer la station de la radio (sans commande au volant) | oui | 35 € + véhicule immobilisé | non |
| Fumer une cigarette | permis | aucune | non |

## La sécurité routière

**4.** Observez ces affiches. Que dénoncent-elles ?

POUR PERDRE 6 POINTS SUR SON PERMIS IL SUFFIT DE 2 VERRES D'ALCOOL ET D'UN VEHICULE.

0,5 g/l

À NATHALIE

UN RENDEZ-VOUS AMOUREUX VAUT-IL UN EXCÈS DE VITESSE ?

## Ça ne va pas la tête ?!

**5.** Que signifient ces gestes ?

quatre-vingt-quinze 95

## ÉCOUTER | OBSERVER | COMPARER

**Portraits**

### Et chez vous, c'est où ?

### Ibnou

Aujourd'hui je peux dire que chez moi c'est l'Afrique mais j'ai deux « chez moi ». Je le mesure quand je pars en vacances en Afrique. J'ai la nostalgie de la société française qui me manque…

### Khaled

Ça, c'est très difficile à dire. Chez moi c'est un petit peu partout et parfois nulle part. J'ai mes attaches, mon enfance dans mon pays d'origine, mais j'ai aussi acquis énormément d'attaches pour la société française…

### Duska

Chez moi c'est à Montreuil. Une ville qui ressemble beaucoup à ma ville natale. Une ville ouvrière, j'habite dans une HLM, c'est une cité. À trois minutes de mon immeuble il y a un parc, on se croirait dans la forêt…

Et Vous ?

quatre-vingt-seize

# Unité 11

## Quelle histoire !

Au programme...
Qu'est-ce qui s'est passé ?
J'ai envie de...
Quel bol ! Pas de bol !
C'est... le plus...

Les vacances
La météo
Les activités de loisirs
Les cartes postales

# EN DIRECT

## À la piscine

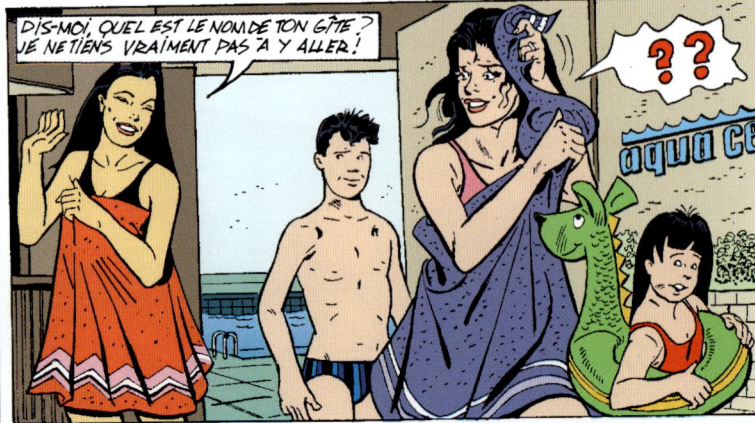

— Alors, ce week-end en Bretagne, c'était comment ?
— Inoubliable !

— Qu'est-ce que tu veux dire ?
— C'était le week-end le plus mouvementé de ma vie !

— Ah, bon ? Qu'est-ce qui s'est passé ?
— D'abord Gérard a perdu son portefeuille : impossible de le retrouver !

— Et en plus on a eu un temps horrible : de la pluie et du vent ! Difficile de se balader dans ces conditions !

— Maman, j'ai envie de sauter du plongeoir. Tu me regardes ?
— Oui !

— Et en venant à la piscine, on a eu un accident. Quelle histoire !
— C'est vraiment pas de bol !

— Dis-moi, quel est le nom de ton gîte ? Je ne tiens vraiment pas à y aller !
— ? ?

# Unité 11

## C'était le week-end le plus mouvementé de ma vie !

**1. a. Observez.**

C'est **le plus** grand musée *de la* ville !
C'est le sport **le plus** difficile *du* programme !
C'est la recette **la plus** facile *du* livre

**b. Faites des phrases à partir des mots suivants.**

1. Garçon – grand – classe : ........................
2. Femme – gentille – immeuble : ........................
3. Vacances – belles – ma vie : ........................

## Difficile de… !

**2. Facile ou difficile ?**

Il est difficile de…
Il est facile de…

## J'ai envie de…

**3. Exprimez un souhait correspondant à chaque dessin.**

J'ai envie d'apprendre le piano.
Je voudrais apprendre le piano.

J'aimerais apprendre le piano.
Je veux apprendre le piano.

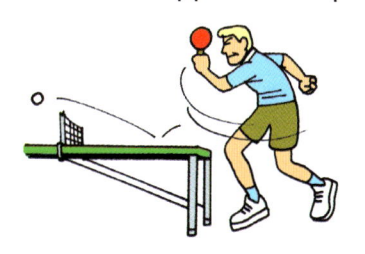

Jouer **au** foot
Jouer **à la** poupée
Jouer **aux** cartes
Jouer **du** piano
Jouer **de la** flûte
Jouer **des** cymbales

## C'est vraiment pas de bol !

**4. Écoutez et répétez.**

Quelle chance !
Tu as de la veine !
  Ça, c'est du pot !
  C'est un vrai coup de bol !

C'est vraiment pas de chance !
Quel manque de veine !
  Quelle poisse !
  Quel manque de bol !

quatre-vingt-dix-neuf **99**

# PRATIQUE

## Sur le vif

**1.** Observez les photos et écoutez. Que se passe-t-il ?

## Rythme et sons

**1. Écoutez et cochez ce que vous entendez.**

|  | Exemple | 1 | 2 | 3 | 4 | 5 | 6 | 7 | 8 | 9 | 10 |
|---|---|---|---|---|---|---|---|---|---|---|---|
| « cent » | le | X | | | | | | | | | | |
| « son » | les | | | | | | | | | | | |

**2. Répondez comme dans l'exemple.**

Exemple : A. *Je voudrais faire du sport.*   B. *Tu veux faire du sport ? D'accord !*

1. A. Je voudrais faire du sport.   B. …
2. A. Je voudrais faire du rugby.   B. …
3. A. Je voudrais faire du karaté.   B. …
4. A. Je voudrais faire de la peinture.   B. …
5. A. Je voudrais faire de la trompette.   B. …
6. A. Je voudrais faire de la batterie.   B. …

**3. Répétez.**

1. Hier, j'allais au travail.
2. J'ai perdu mon portefeuille.
3. Une dame vraiment très gentille,
4. qui passait avec sa fille,
5. m'a rendu mon portefeuille.
6. Cette histoire est déjà vieille !

# Unité 11

## Lire un programme

**A1.1**

**2. a. Observez et complétez les phrases.**

### PROGRAMME DES ACTIVITÉS
### CENTRE LÉO LAGRANGE — Inscriptions à l'accueil

| | LUNDI | MARDI | MERCREDI | JEUDI | VENDREDI | SAMEDI |
|---|---|---|---|---|---|---|
| **SPORTS** | Les cours de sport ont lieu au gymnase. | | | | | |
| Tennis | 14h – 16h | | 14h – 16h | 18h – 21h | | |
| Football | 10h – 12h | | 14h – 17h | | 18h – 21h | 10h – 13h |
| Ping-pong | | 19h – 21h | | 19h – 21h | | 13h – 19h |
| Danse africaine | | 18h – 20h | 10h – 12h | | | |
| Salsa | | 19h – 21h | | 19h – 21h | 14h – 16h | |
| **ARTS & MUSIQUE** | | | | | | |
| Chant | 18h – 20h | | | 18h – 20h | | |
| Violon | | 19h – 21h | 13h – 16h | | | 13h – 16h |
| Piano | | | 14h – 17h | | 19h – 21h | |
| Dessin & sculpture | | 14h – 16h | | 19h – 21h | | 10h – 12h |
| Photographie | 19h – 22h | | 16h – 18h | | 18h – 21h | |
| **AUTRES** | | | | | | |
| Informatique | | | 14h – 18h | | | 16h – 18h |
| Théâtre | 19h – 21h | | 15h – 17h | | 10h – 12h | |
| Échecs | | 14h – 16h | | 14h – 16h | | 14h –16h |
| Langues | 15h – 17h | | | | | 10h –12h |

*Centre Léo Lagrange*

Les cours de violon ont lieu quels jours ?....
Il y a ... cours de salsa par semaine.
On peut apprendre à jouer aux échecs le....
Le mardi à 14 heures, il y a....

Dans le centre, on propose ... sports.
Il y a ... heures de football par semaine.
Si je ne travaille pas le jeudi après-midi,
je peux apprendre....

**A1.1**  **P. 130** *Grammaire*

**b. Et vous ? Qu'est-ce que vous aimez faire ? Pourquoi ?**

*Exemple* : J'aime faire du vélo parce que ça me détend.

J'aime... {
- jouer d'un instrument.
- jouer au foot.
- faire du bateau.
- faire du vélo.
- aller au cinéma.
- dessiner.
- danser.
- faire la cuisine.
}

### À vous !

**A1.1**

**3. Allez chercher un programme des activités à la mairie de votre ville et dites ce qui vous intéresse.**

cent un **101**

# DÉCOUVERTE

## Les vacances

**1. a.** Lisez la carte postale suivante.

Paysage de France

Cher Patrick,
Mes vacances à la mer se passent bien.
Il fait beau et je me baigne tous les jours.
Je rentre dans dix jours.
À bientôt.
                    Sylvie

**b.** Complétez les cartes postales avec les mots suivants. Aidez-vous des photos !

vacances, directrice, découvrir, Fadela, villages, hôtel, pleut, soleil, campagne, région, visitons, montagne.

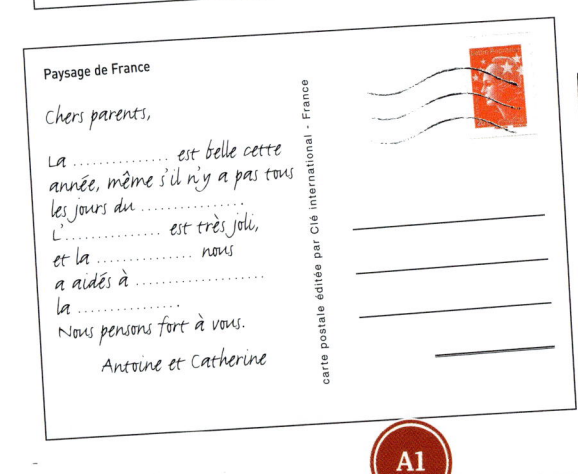

Paysage de France

Chère ............,
Je passe de bonnes
............ à la ............
Nous ............
beaucoup de ............
et aussi des musées
quand il ............
Je t'embrasse.
À bientôt.   Slimane

Paysage de France

Chers parents,
La ............ est belle cette
année, même s'il n'y a pas tous
les jours du ............
L'............ est très joli,
et la ............ nous
a aidés à ............
la ............
Nous pensons fort à vous.
        Antoine et Catherine

**2. Écrivez une carte postale à un ami ou à des parents.**

# Unité 11

## La météo

**3. a.** Regardez la carte. Quel temps fait-il ?

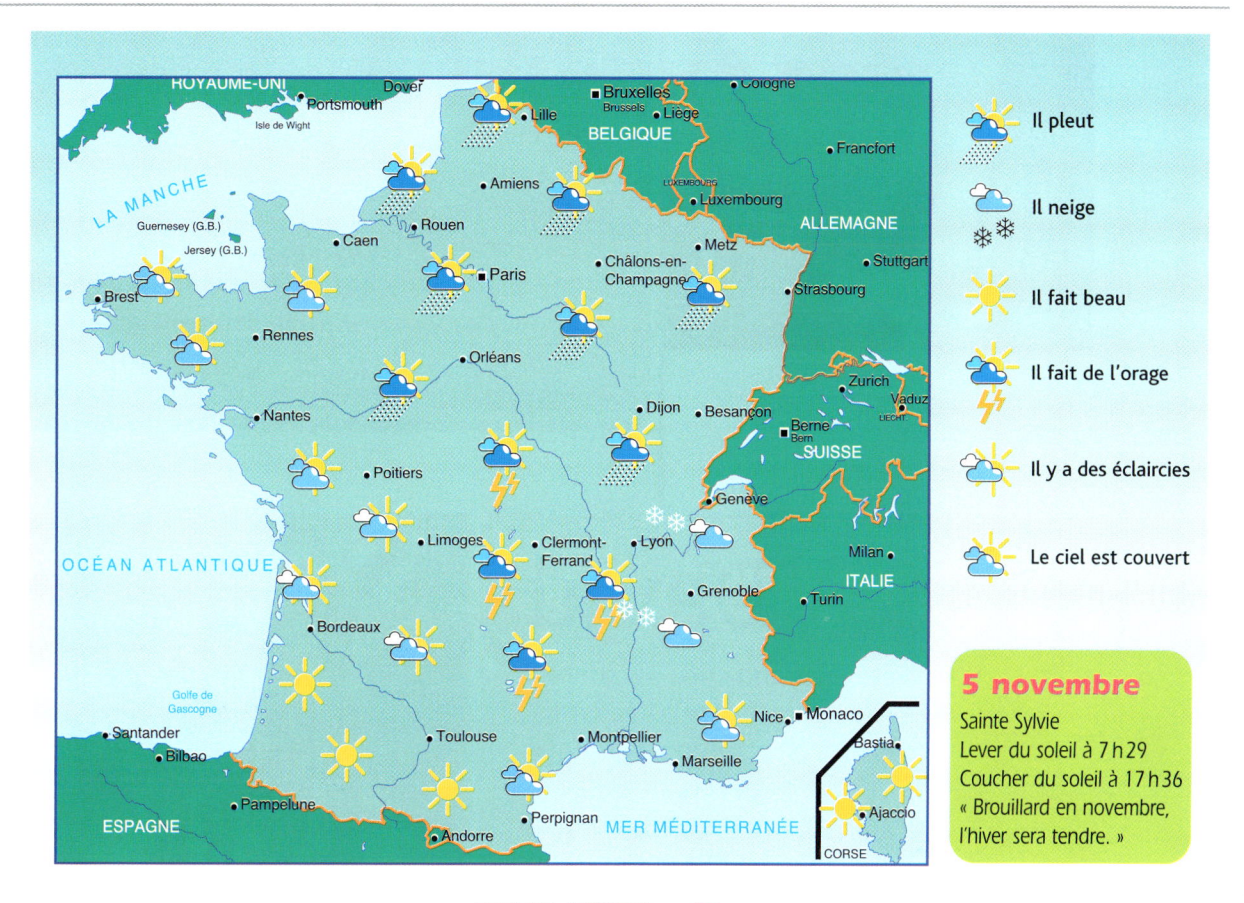

- Il pleut
- Il neige
- Il fait beau
- Il fait de l'orage
- Il y a des éclaircies
- Le ciel est couvert

**5 novembre**
Sainte Sylvie
Lever du soleil à 7 h 29
Coucher du soleil à 17 h 36
« Brouillard en novembre, l'hiver sera tendre. »

**b.** Écoutez le bulletin météo et comparez avec la carte ci-dessus.

– Quelle température fait-il à Paris ?
– Quel temps fait-il en Savoie ?
– La journée commence sous la pluie, la grisaille ou la neige ?

## Tu n'as pas trop froid ?

**5.** Que veulent dire ces gestes ?

cent trois  **103**

# ÉCOUTER | OBSERVER | COMPARER

*Portraits*

## Qu'est-ce que vous a apporté le fait de changer de pays ?

### Ibnou
Cela m'a apporté beaucoup d'ouverture sur la société humaine tout simplement. Quand je compare ma société d'origine et ma société d'accueil je me rends compte que la migration est un atout dans la compréhension de deux sociétés différentes.

### David
Ça a été un grand choc personnel. Ça m'a appris à être à l'écoute, à ne pas être en attente de quelque chose de précis, mais savoir découvrir une nouvelle culture, une langue, et des gens.

### Houria
Beaucoup sur le plan culturel, sur le plan de la liberté, parce que c'est vrai qu'il y a beaucoup de liberté en France. Le fait d'aller dans une grande bibliothèque, ce que je ne connaissais pas...

*Et Vous ?*

# Unité 12

## Parlez-moi de vous !

**Quel est votre métier ?**
**Je sais**
**J'ai travaillé, il a travaillé**

**Les offres d'emploi**
**Le CV**
**L'entretien**

# EN DIRECT

## En entretien

— Bonjour. Thi-Loan Blanc ? Entrez et asseyez-vous.
— Merci.

— Je suis Daniel Lenoir, directeur des ressources humaines. Parlez-moi un peu de vous.
— Voilà. J'ai travaillé comme secrétaire pendant neuf ans dans une usine textile. J'ai arrêté il y a deux mois.

— Pourquoi avez-vous quitté votre précédent poste ?
— Parce que mon mari a eu une mutation. Alors, j'ai démissionné pour le suivre.

— Vous avez fait votre formation en bureautique dans quelle école ?
— C'était au GRETA, à Poitiers, et l'anglais, je l'ai appris en cours du soir.

— Et quelles sont vos compétences ?
— Je parle anglais, je connais les principaux logiciels de bureautique, et surtout j'ai l'habitude du secteur commercial !

— Bien. Je vous appelle la semaine prochaine pour vous donner une réponse.
— Merci. Je reste à votre disposition si vous avez des questions. Au revoir et bonne journée.

106 cent six

# Unité 12

## Bonjour. Thi Loan Blanc ?

**1. Écoutez et répétez.**

| | |
|---|---|
| Thi Loan Blanc ? | – Oui. |
| Madame Martin ? | – Je suis ici. |
| Vous êtes François Blanc ? | – Oui, c'est moi. |

## L'entretien d'embauche

**2. Regardez ces candidats. Décrivez leurs attitudes et dites ce qui va ou ne va pas.**

## Je sais…

**3. Dites ce que vous savez faire et ce que vous ne savez pas faire.**

Je sais…
je ne sais pas…

## Hier, j'ai travaillé tard

**4. Complétez comme dans l'exemple.**

| Aujourd'hui | Hier |
|---|---|
| *Exemple :* Je passe un entretien d'embauche. | J'ai passé un entretien d'embauche. |
| Je travaille tard. | … |
| Il commence à 9 heures. | … |
| Elle termine sa période d'essai. | … |
| Nous quittons le travail à 18 heures. | … |

cent sept **107**

# PRATIQUE

## Sur le vif  A1.1

**1.** Observez les photos et écoutez. Que se passe-t-il ?

## Rythme et sons

**1.** Écoutez et cochez ce que vous entendez.

|  | Exemple | 1 | 2 | 3 | 4 | 5 | 6 | 7 | 8 | 9 | 10 |
|---|---|---|---|---|---|---|---|---|---|---|---|
| masculin | gardien X | | | | | | | | | | |
| féminin | gardienne | | | | | | | | | | |

**2.** Répondez comme dans l'exemple.

*Exemple :* **A.** *Elle est caissière.* **B.** *Et lui ? Il est caissier ?*

1. **A.** Elle est caissière. **B.** ...
2. **A.** Elle est cuisinière. **B.** ...
3. **A.** Elle est conseillère. **B.** ...
4. **A.** Elle est boulangère. **B.** ...
5. **A.** Elle est poissonnière. **B.** ...
6. **A.** Elle est infirmière. **B.** ...
7. **A.** Elle est ouvrière. **B.** ...

**3.** Répétez, puis transformez au féminin comme dans l'exemple.

*Exemple : C'est un serveur. - C'est une serveuse.*

1. C'est un serveur. – C'est une ....
2. C'est un chanteur. – C'est une ....
3. C'est un danseur. – C'est une ....
4. C'est un camionneur. – C'est une ....
5. C'est un masseur. – C'est une ....

# Unité 12

## Les petites annonces  A1.1

**2. Observez ces annonces. Qui recherche-t-on ?**

---

**Entreprise cherche**
**Femme de ménage**
10 h/semaine à partir de 18 h
du lundi au vendredi.

Se présenter avec CV le 15 septembre à 10 h
au 23, rue des Jardins verts à Grenoble.

---

**Cherche Plombier**
CDD 5 mois.
Travail en entreprise et chez particuliers.
APPELER LE 01 23 58 94 61

---

Laboratoire médical cherche
**Infirmière 5 ans d'expérience**
Envoyer CV + lettre de motivation à
Monsieur le Directeur
Laboratoire du Lac
13, avenue du Lac 59200 Roubaix.

---

| Référence de l'offre | **175393L** (Code métier ROME : G1602) |
|---|---|
| Offre actualisée le | 28/05/2012 |
| Intitulé de l'offre d'emploi | **CUISINIER H/F** |
| Recherche pour un(e) | CONTRAT À DURÉE INDÉTERMINÉE |
| Description du poste | VOUS ÊTES SEUL EN CUISINE, VOUS FAITES DES PLATS DU JOUR, DES GRILLADES, DES SALADES. POUR 2 SERVICES DEUX JOURS DE REPOS À DÉFINIR AVEC L'EMPLOYEUR. |
| Expérience | SOUHAITÉE DE 1 AN |
| Formation & Connaissances | C.A.P. CUISINE SOUHAITÉ OU B.E.P. CUISINE SOUHAITÉ |
| Autres connaissances | |
| Nombre de postes | 1 |
| Secteur d'activité | RESTAURATION TRADITIONNELLE |
| Lieu de travail | 75 - PARIS 12e ARRONDISSEMENT - FRANCE |
| Nature de l'offre | CONTRAT DE TRAVAIL |
| Salaire indicatif | 1319,59 EUROS NETS |
| Déplacements | |
| Horaires | 41 H HEBDO |
| Taille de l'entreprise | 1 OU 2 SALARIÉS |
| Si cette offre vous intéresse, veuillez téléphoner à : | **LE 203 - M. CATOU** Tél. : 01.73.73.73.82 À M. CATOU |

## Le CV (Curriculum Vitae)  A1.1

**3. Regardez les CV et dites à quelle annonce correspond chaque CV.**

---

Annie LEGRAND
52, rue du Marché
59000 Lille
Tél. : 03 20 53 48 56

**Expérience**
- 2008 : Hôpital Saint-Jean de Lille.
- 2006 : Hôpital des Pins d'Arras.

**Formation**
- 2005 : Diplôme d'infirmière.

**Divers**
- Permis B + véhicule.
- Langues : anglais.
- Loisirs : informatique, handball.

---

Ahmed BENZI
Place de la Mairie
93000 Montreuil
Tél. : 01 65 97 12 56

**Expérience**
♦ 2010 Restaurant La Grotte à Paris.
♦ 2009 Restaurant Le Grill Rouge à Aix-en-Provence.
♦ 2007 Restaurant Le Moulin à Marseille.

**Formation**
♦ 2005 CAP Cuisinier.

**Divers**
♦ Permis B + véhicule.

---

### À vous !

**4. Apportez des annonces et entraînez-vous à les déchiffrer.**

*Et vous ?*

# DÉCOUVERTE

## La recherche d'emploi

**1.** Connaissez-vous ces sigles ? Qu'y fait-on ?

## Je cherche quel travail ?

**2. a.** Remplissez les fiches en répondant aux questions.

**Quels sont les métiers qui me plaisent ?**
- ....................
- ....................
- ....................
- ....................
- ....................
- ....................

**b.** Pour chaque métier, remplissez une fiche.
Ensuite comparez les résultats pour vous aider à trouver le métier qui vous convient le mieux.

**Quelles sont les compétences nécessaires pour le métier ?**
- ....................
- ....................
- ....................
- ....................
- ....................
- ....................

**J'ai quelles compétences ?**
- ....................
- ....................
- ....................
- ....................
- ....................

**Il me manque quelles compétences ?**
- ....................
- ....................
- ....................
- ....................
- ....................

# Unité 12

## Écrire son CV

**A1**   **P. 130** *Grammaire*

**3. a.** Répondez aux questions.

**J'ai travaillé comme... ?**
**À quelles dates et dans quelles entreprises ?**

- ..........................................
- ..........................................
- ..........................................
- ..........................................
- ..........................................
- ..........................................

**Ce que je sais faire (mes compétences) :**

- ..........................................
- ..........................................
- ..........................................
- ..........................................
- ..........................................
- ..........................................

**Quelles sont mes formations/ mes études ?**

- ..........................................
- ..........................................
- ..........................................
- ..........................................
- ..........................................
- ..........................................
- ..........................................

**Quels sont mes loisirs ? Sont-ils importants pour mon travail ? Quelles sont les informations importantes pour l'employeur ?**

- ..........................................
- ..........................................
- ..........................................
- ..........................................
- ..........................................

**A1.1**

**b.** Vous pouvez maintenant remplir votre CV.

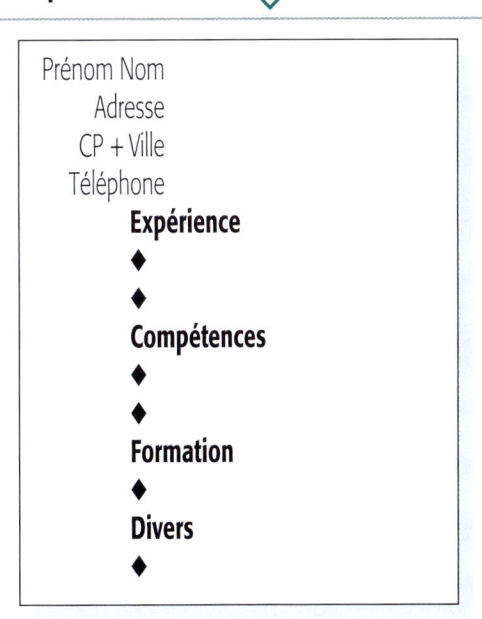

```
              Prénom Nom
                Adresse
                CP + Ville
                Téléphone
        Expérience
           ◆
           ◆
        Compétences
           ◆
           ◆
        Formation
           ◆
        Divers
           ◆
```

cent onze **111**

## ÉCOUTER | OBSERVER | COMPARER

**Portraits**

Quel conseil donneriez-vous à quelqu'un qui vient s'installer en France ?

### Jorge
Je pense qu'il faut surtout construire un plan de vie, prévoir, se mettre en contact avec des associations.

### Khaled
Il faut entrer dans un pays comme on entre dans une chambre noire. Il faut essayer de mettre de côté ses préjugés et observer, regarder…

### Li Phang
Apprendre le français d'abord. Si c'est possible il faut avoir un certain temps pour la langue avant de commencer à travailler.

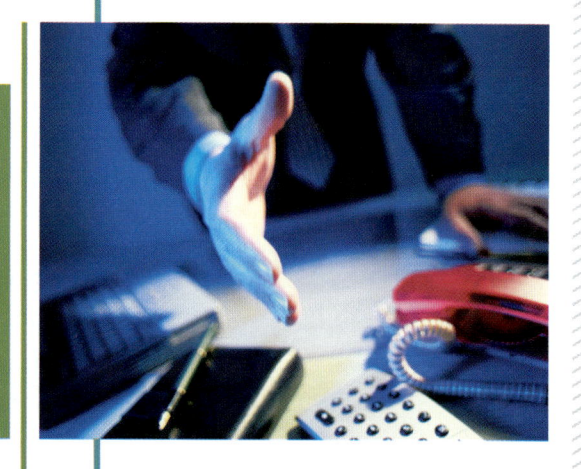

*Et Vous ?*

# ÉVALUATION

**Bilan 4**

### 1. Qu'est-ce que ça veut dire ?

Sens  ...................  Défense de  ...................  Interdiction de ...................

...................  Chaussée  ...................  Attention ...................

### 2. Classez les activités suivantes :

football – piano – pétanque – natation – violon – chant – course – flûte – tennis – guitare

| SPORT | MUSIQUE |
|---|---|
| football | ................... |
| ................... | ................... |
| ................... | ................... |
| ................... | ................... |

### 3. « Quel », « quelle », « quels » ou « quelles » ?

1. ................... jour sommes-nous ?
2. De ................... instruments joues-tu ?
3. Tu fais ................... activités ?
4. ................... est ton programme aujourd'hui ?
5. ................... chance !
6. Tu prends ................... route pour aller à la piscine ?

cent treize **113**

# ÉVALUATION

## Bilan 4

**4. Écoutez le bulletin météo et répondez aux questions.**

1. Quelle température fait-il à Paris ? ..............................................
2. Quelle température fait-il à Toulouse ? ..............................................
3. Quelle température fait-il à Rennes ? ..............................................
4. Il fait soleil à Lille ? ..............................................
5. Il pleut dans les Pyrénées ? ..............................................
6. Il neige dans quelle région ? ..............................................

**5. Mettez au masculin les métiers suivants.**

1. Institutrice ..............................................
2. Serveuse ..............................................
3. Secrétaire ..............................................
4. Mécanicienne ..............................................
5. Couturière ..............................................
6. Médecin ..............................................

**6. Classez les CV du plus adapté au moins adapté à l'annonce suivante.**

Entreprise cherche
**Plombier**
pour chantiers maisons.
10 ans d'expérience. CAP souhaité.

Se présenter avec CV
Les Bâtisseurs
28 rue du Parc – 31000 Toulouse

| a | ..................... |
| b | ..................... |
| c | ..................... |

Jacques Pennac
8 Boulevard J. Jaurès
31000 Toulouse

**PLOMBIER**

Expérience
- 1997/2009 : Bons Tuyaux (chantiers, entreprises)
- depuis 2009 : Chauffage Express (dépannage)

Formation
- Scolarité : collège

Divers
- Permis B

Pierre Martin
2 rue Grande
31000 Toulouse

**PLOMBIER**

Expérience
– 2005/2011 : Plomberie Services (entreprises et particuliers, chantiers)
– depuis 2011 : Entreprise Eau Bleue (entreprises)

Formation
– CAP Plomberie

Divers
– Permis B

Jean Leblanc
13 Avenue De Gaulle
59000 Lille

**PLOMBIER**

Expérience
- 2010-2012 : S.O.S. Plombiers (dépannage chez particuliers)

Formation
- CAP Plomberie

Divers
- Sportif

# ZOOM SUR LA LANGUE

## Nationalité (adjectifs de)

**Exercice 2, page 13**

Il est franç **ais**     Elle est franç **aise**

-ois → -oise    il est chinois → elle est chinoise
-ien → -ienne   il est italien → elle est italienne
-ain → -aine    il est cubain → elle est cubaine
-in → -ine      il est argentin → elle est argentine

⚠️
il est belge → elle est belge
il est russe → elle est russe
il est slovène → elle est slovène
il est suisse → elle est suisse
il est tchèque → elle est tchèque

## Masculin, féminin, singulier, pluriel (des noms)

**Exercice 1, page 21**

Un serv **eur**     Une serv **euse**

-er → -ère      un boulanger → une boulangère
-teur → -trice  un acteur → une actrice
-on → -onne     un maçon → une maçonne
-ien → -ienne   un mécanicien → une mécanicienne

⚠️
un secrétaire → une secrétaire
un peintre → une peintre
un libraire → une libraire
un pompiste → une pompiste

Un serv **eur**     Des serv **eurs**

Une serv**euse**

Des serveuse**s**

cent quinze **115**

# ZOOM SUR LA LANGUE

## Sophie est la femme de Gérard (préposition « de »)

Gérard est le mari **de** Sophie.
Léa est la fille **de** Gérard et Sophie.

François et Thi-Loan sont les parents **de** Bruno.

Qui est François ?
C'est le père **de** Bruno !

**BD, page 12**

## C'est notre bus ! (déterminants possessifs)

| mon père | ma mère | mes parents |
| ton père | ta mère | tes parents |
| son père | sa mère | ses parents |
| notre père | notre mère | nos parents |
| votre père | votre mère | vos parents |
| leur père | leur mère | leurs parents |

Voici **mon** fils et voici **ma** fille.
*Attention !*
Voici **mon** adresse. (*une adresse*)

C'est **ta** fille ? C'est **ton** fils ?
*Attention !*
C'est **ton** adresse ?

**BD, page 12**

C'est mes clés. (familier) = Ce sont mes clés.

116 cent seize

## Les pronoms sujets + accord des verbes avec les pronoms sujets

Il s'appelle François.

Ils s'appell**ent** François et Gérard.

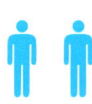

Elle s'appelle Sophie.

Elles s'appell**ent** Sophie et Thi Loan.

**Nous** nous appel**ons** Jules et Julie.

**Ils** s'appell**ent** Jules et Julie.

Rythme et sons, page 22

## Le, l', la, les (articles)

Exercices 1, page 29

| | | |
|---|---|---|
| masculin | un pantalon | le pantalon |
| | un manteau | le manteau |
| féminin | une chemise | la chemise |
| | une robe | la robe |
| pluriel | des bretelles | les bretelles |
| | des boutons | les boutons |

**Le**, **l'**, **la** et **les** s'appellent *les articles définis*.
**Un**, **une** et **des** s'appellent *les articles indéfinis*.

Je voudrais deux baguettes.

Je voudrais une baguette.

Je voudrais la baguette.

C'est la dernière

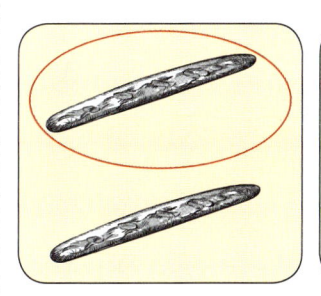

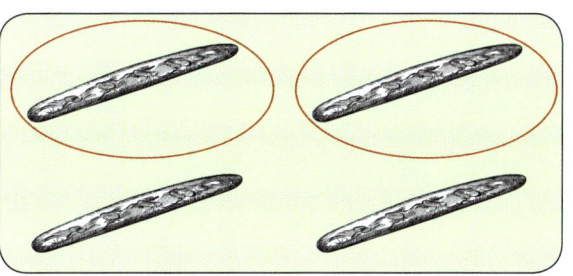

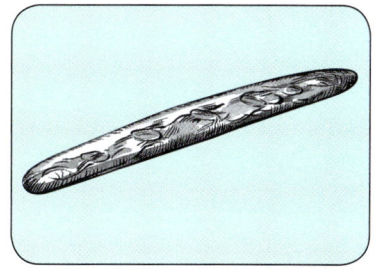

cent dix-sept **117**

# ZOOM SUR LA LANGUE

## Masculin, féminin – Singulier, pluriel (des adjectifs)

**Exercice 3, page 61**

|  | singulier | pluriel |
|---|---|---|
| masculin | il est italien | ils sont italiens |
|  | le pantalon est bleu | les pantalons sont bleus |
| féminin | elle est italienne | elles sont italiennes |
|  | la pomme est verte | les pommes sont vertes |

⚠️ blanc → blanche
*Exemple :*
un pantalon blanc
une jupe blanche

Italien, bleu et vert s'appellent des *adjectifs*.

⚠️ Il est spacieux. → Elle est spacieuse.
Ils sont spacieux. → Elles sont spacieuses.

Un beau salon, mais : un bel endroit.
BEAU + E, A, I, O, U = BEL

## Il n'y a pas de problème ! (la négation)

Il y a un problème ?
Non, il n'y a pas de problème !

Tu as un crayon ?
Non, je n'ai pas de crayon !

*Attention !*
Il y a encore un problème ?
Non, il n'y a plus de problème !

BD, page 38

## Ne ... pas (la négation)

**Exercice 2, page 39**

Je suis français.
Je parle espagnol.

Je **ne** suis **pas** français.
Je **ne** parle **pas** espagnol.

Devant une voyelle ou h : ne → n
*Exemple :*
**J'ai** la télévision.
Je **n'ai** pas la télévision.

**Ne... pas** s'appelle *la négation* ou *la forme négative*.

Tu ne touches pas ! C'est fragile !

Non, ce n'est pas fragile.

## La négation avec un article indéfini

**Exercices 2, page 39**

À la forme négative :
**un**
**une** → **de** ou **d'** (devant une voyelle ou *h*)
**des**

*Exemples :*
J'ai **une** solution.
Je **n'ai pas de** solution.
Ils ont **des** enfants.
Ils **n'ont pas d'** enfants.

J'ai **une** télévision.

Je **n'ai pas de** télévision.

Je **n'ai pas une** télévision.
J'ai **deux** télévisions !

cent dix-neuf **119**

# ZOOM SUR LA LANGUE

## Quel, quelle, quels, quelles (adjectifs interrogatifs)

**Exercice 2, page 110**

|  | singulier | pluriel |
|---|---|---|
| **masculin** | quel | quels |
| **féminin** | quelle | quelles |

*Exemples :*

Quel est le nom du président de la République ?

Quelle est votre couleur préférée ?

## Un / Une – Le / La (articles)

**1**
Il y a **un** nouveau voisin.
Il y a **une** nouve**lle** voisin**e**.

**Un** gentil voisin.
**Une** gentil**le** voisin**e**.

**2**
**Le** voisin est gentil.
**La** voisin**e** est gentil**le**.

**Le** voisin est nouveau.
**La** voisin**e** est nouve**lle**.

**BD, page 46**

## L' / La / Les – Un / Une / Des (articles)

**1**
**L'**appartement est grand.
**Les** appartements **sont** grand**s**.

**La** maison est rouge.
**Les** maison**s** **sont** rouge**s**.

**2**
Un enfant joue avec **un** ballon.
**Des** enfants jou**ent** avec **des** ballons.

**Une** dame parl**e** avec **un** prof.
**Des** dames parl**ent** avec **des** prof**s**.

**BD, page 46**

120 cent vingt

# Ce soir ou cet après-midi ? (déterminants démonstratifs)

**1**
Tu vas à la piscine :
**Ce** matin ?
**Ce** soir ?
À **cette** heure-ci ?
*Attention !*
**Cet** après-midi ? (*un après-midi*)

**2**
Tu vois **cette** femme ?
Tu vois **ce** garçon ?
Tu vois **ces** enfants ?
*Attention !*
Tu vois **cet** homme ? (*un homme*)
Tu vois **cet** arbre ? (*un arbre*)

BD, page 46

| **Cette** + *féminin* | **Ce** + *masculin* | **Ces** + *pluriel* |
|---|---|---|
| | **Cet** + (a-, e-, i-, o-, u-) *masculin* | → **Ce** devient **cet** devant une *voyelle*. |
| Je mange une pomme. | | → Je mange **cette** pomme. |
| Je mange un fruit. | | → Je mange **ce** fruit. |
| Tu manges des poires. | | → Tu manges **ces** poires. |
| Tu manges un abricot. | | → Tu manges **cet** abricot. |

cent vingt et un  **121**

# ZOOM SUR LA LANGUE

## Au, à la, à l', chez (prépositions de lieu)

Exercice 2c, page 57

Je vais…
**au** garage.
**à l'**appartement.
**à la** mairie.

**au** + masculin
**à l'** + voyelle ou *h*
**à la** + féminin

Je vais…
**chez** le garagiste.
**chez** moi.
**chez** le maire.

## Si (hypothèse)

Exercice 4, page 65

S'il pleut, je prends mon parapluie.

S'il fait beau, je prends mon chapeau.

122 cent vingt-deux

## Plus ou moins ? (comparatifs)

**1**
Sophie est **plus** grande **que** Thi-Loan.
Thi-Loan est **moins** grande **que** Sophie.

**2**
Gaëlle est **la moins** grande **de** sa famille.
Gérard est **le plus** grand **de** sa famille.

**3**
François est **le plus** grand !

BD, page 72

## Nous / On

Exercice 2, page 73

**Nous avons** une grande maison.
= **On a** une grande maison.

## Parce que / Donc

Exercice 3, page 73

**Parce que** exprime la cause.
**Donc** exprime la conséquence.

Je suis mouillé parce qu'il pleut.
Il pleut, donc je suis mouillé.

cent vingt-trois

# ZOOM SUR LA LANGUE

## Un orage ou de l'orage ? (articles partitifs)

J'aime **le** vent.
J'aime **l'**orage.
J'aime **la** neige.
J'aime **les** nuages.

Aujourd'hui :
Il y a **du** vent.
Il y a **de** l'orage.
Il y a **de** la neige.
Il y a **des** nuages.

BD, page 101

## Le superlatif

Exercice 1, page 99

Dans ce magasin, le gâteau est gros. ⇨ C'est **le plus gros** gâteau **du** magasin !
C'est le gâteau **le plus gros du** magasin !

Dans ce magasin, la tarte est grosse. ⇨ C'est **la plus grosse** tarte **du** magasin !
C'est la tarte **la plus grosse du** magasin !

Dans ce magasin, les pains sont gros. ⇨ Ce sont **les plus gros** pains **du** magasin !
Ce sont les pains **les plus gros du** magasin !

Dans ce magasin, les quiches sont grosses. ⇨ Ce sont **les plus grosses** quiches **du** magasin !
Ce sont les quiches l**es plus grosses du** magasin !

## Pendant / Il y a

J'ai habité en Grèce **pendant** 2 ans.

J'ai habité en Grèce **il y a** 2 ans.

BD, page 106

## Depuis / Dans

Exercice 3, page 21

J'habite en Turquie **depuis** 2 ans.

Je vais en Turquie **dans** 15 jours.

## Pour + nom/infinitif

BD, page 46

**Pour cette soirée**, je vais mettre ma nouvelle robe !  → **pour + *nom***
**Pour aller** à cette soirée, je vais mettre ma nouvelle robe !  → **pour + *infinitif***

## Pourquoi / Parce que

BD, page 106

↱ **Pourquoi** tu cours ?
↳ **Parce que** je suis en retard !
↱ **Pourquoi** tu ne m'as pas appelé ?
↳ **Parce que** j'ai perdu ton numéro.

## En / Dans

Exercice 3, page 55

Elle part **en** bus. → général
Elle est (assise) **dans le** bus. → particulier

125

# ZOOM SUR LA LANGUE – LES VERBES

## Être

Je **suis** Sophie Martin. Je **suis** grande et brune.
Je **suis** François Blanc. Je **suis** grand et mes cheveux **sont** blonds.
Nous **sommes** mariés.
Nos voisins **sont** nouveaux, ils **sont** très gentils.

| | | |
|---|---|---|
| Je | **suis** | |
| Tu | **es** | |
| Il / elle / on | **est** | professeur(s) |
| Nous | **sommes** | |
| Vous | **êtes** | |
| Ils / elles | **sont** | |

**BD, page 12**

## Avoir

J'**ai** 35 ans. J'**ai** deux enfants.
Ma fille **a** un chat.
Ma femme et moi **avons** beaucoup de travail.
Nos enfants **ont** 5 et 8 ans.

| | | |
|---|---|---|
| J' | **ai** | |
| Tu | **as** | |
| Il / elle / on | **a** | deux enfants |
| Nous | **avons** | |
| Vous | **avez** | |
| Ils / elles | **ont** | |

**BD, page 20**

126　　cent vingt-six

## Travailler / Se laver

Je **travaille** à la banque.

| | |
|---|---|
| Je | travaill**e** |
| Tu | travaill**es** |
| Il / elle / on | travaill**e** |
| Nous | travaill**ons** |
| Vous | travaill**ez** |
| Ils / elles | travaill**ent** |

Je **me** lave
Tu **te** laves
Il/elle/on **se** lave
Nous **nous** lavons
Vous **vous** lavez
Ils/elles **se** lavent

**BD, page 20**

## Voir

Je **vois** une belle maison.
Comme tu **le** vois, j'attends un enfant.

| | |
|---|---|
| Je | vo**is** |
| Tu | vo**is** |
| Il / elle / on | vo**it** |
| Nous | vo**yons** |
| Vous | vo**yez** |
| Ils / elles | vo**ient** |

**BD, page 20**

cent vingt-sept **127**

# ZOOM SUR LA LANGUE – LES VERBES

## Se servir

Il **se** sert de l'eau.
Je **me** lave les mains.

| Je | **me** sers |
| Tu | **te** sers |
| Il / elle / on | **se** ser**t** |
| Nous | **nous** ser**vons** |
| Vous | **vous** ser**vez** |
| Ils / elles | **ve** ser**vent** |

BD, page 28

## Falloir

Il **me faut** du savon.
Il **faut partir** tôt pour être à l'heure.

Il    **faut**

BD, page 28

## Aller

Le matin,
  je **vais** au travail.
Mon mari **va**
  à la banque.
Nous **allons**
  au restaurant.
Les enfants **vont**
  à l'école.

Je **vais te téléphoner**
  demain.

BD, page 64

| Je | **vais** |
| Tu | **vas** |
| Il / elle / on | **va** |
| Nous | **allons** |
| Vous | **allez** |
| Ils / elles | **vont** |

au travail

128    cent vingt-huit

## Vouloir (conjugaison)

|  |  |  |  |
|---|---|---|---|
| je | veux | nous | voulons |
| tu | veux | vous | voulez |
| il | | ils | |
| elle } | veut | elles } | veulent |
| on | | | |

**Exercice 5, page 13**

**vouloir = volonté**

## Pouvoir (conjugaison et emploi)

**Exercice 5, page 13**

**Je peux** soulever 100 kilos.

**Elle peut regarder** la télé jusqu'à 21 heures.

|  |  |  |  |
|---|---|---|---|
| je | peux | nous | pouvons |
| tu | peux | vous | pouvez |
| il | | ils | |
| elle } | peut | elles } | peuvent |
| on | | | |

pouvoir → capacité
        → autorisation

cent vingt-neuf **129**

# ZOOM SUR LA LANGUE – LES VERBES

## Devoir (conjugaison)

Exercice 1, page 74

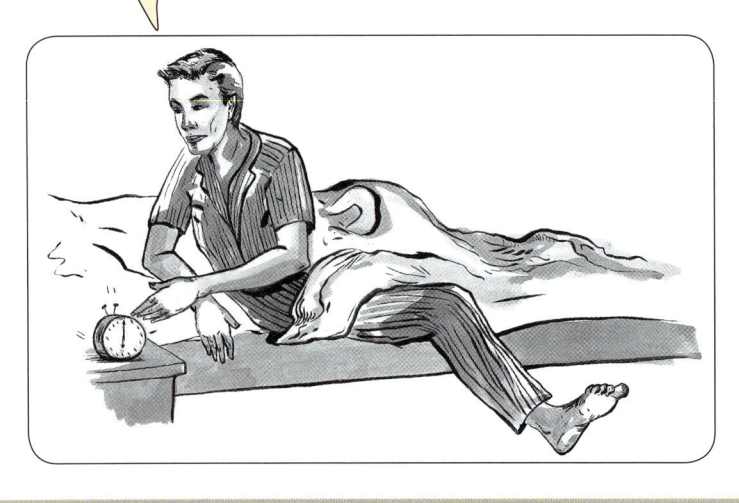

*Je dois me lever à 6 heures pour être au travail à 8 heures.*

**Devoir**
Je dois
Tu dois
Il
Elle } doit
On
Nous devons
Vous devez
Ils
Elles } doivent

## Savoir (conjugaison + emploi)

Exercice 3a, page 111

*Il ne sait pas jouer de la guitare.*

Je **sais jouer** du violon. → savoir + *infinitif*
Il ne **sait** pas **jouer** de la guitare.

**Savoir**
Je sais     Nous savons
Tu sais     Vous savez
Il          Ils
Elle } sait Elles } savent
On

## Aimer qqch / Aimer + infinitif

Exercice 2b, page 101

J'aime les gâteaux.
→ objet

≠

aimer + *infinitif*
J'aime *faire* les gâteaux.
→ action

130 cent trente

# LES TEMPS

## Impératif

Exercice 3, page 55

**Tu montes** dans le bus.
⇒ **Monte** dans le bus !
Je monte. ⇒ Monte !

**Nous montons** dans le bus.
⇒ **Montons** dans le bus !
Nous montons. ⇒ Montons !

**Vous montez** dans le bus.
⇒ **Montez** dans le bus !
Vous montez. ⇒ Montez !

## Futur proche

Exercice 3, page 65

**aller +** *infinitif*

Aujourd'hui, je **mange** chez ma sœur.

→ Demain, je **vais** *manger* au restaurant.

cent trente et un **131**

# ZOOM SUR LA LANGUE – LES TEMPS

## Hier… (passé composé)

*Hier :*

**Je suis allé** à l'ANPE.
J'**ai tapé** mon CV à l'ordinateur.
J'**ai écrit** des lettres de motivation.
J'**ai posté** mes réponses.

*Aujourd'hui :*

Je cherche de nouvelles offres d'emploi.
J'écris de nouvelles lettres.
Je poste mes nouvelles réponses.

**Exercice 2, page 29**

BD, page 106

| Je | suis | allé (e) | |
| Tu | es | allé (e) | |
| Vous | êtes | allé (e) | |
| Il / on | est | allé | |
| Elle | est | allée | |
| Nous | sommes | allés | au travail |
| | | allées | |
| Vous | êtes | allés | |
| | | allées | |
| Ils | sont | allés | |
| Elles | sont | allées | |

| J' | ai | marché | |
| Tu | as | marché | |
| Il/elle/on | a | marché | |
| Nous | avons | marché | dans la rue |
| Vous | avez | marché | |
| Ils / elles | ont | marché | |

BD, page 106

132  cent trente-deux

# LA FRANCE ADMINISTRATIVE

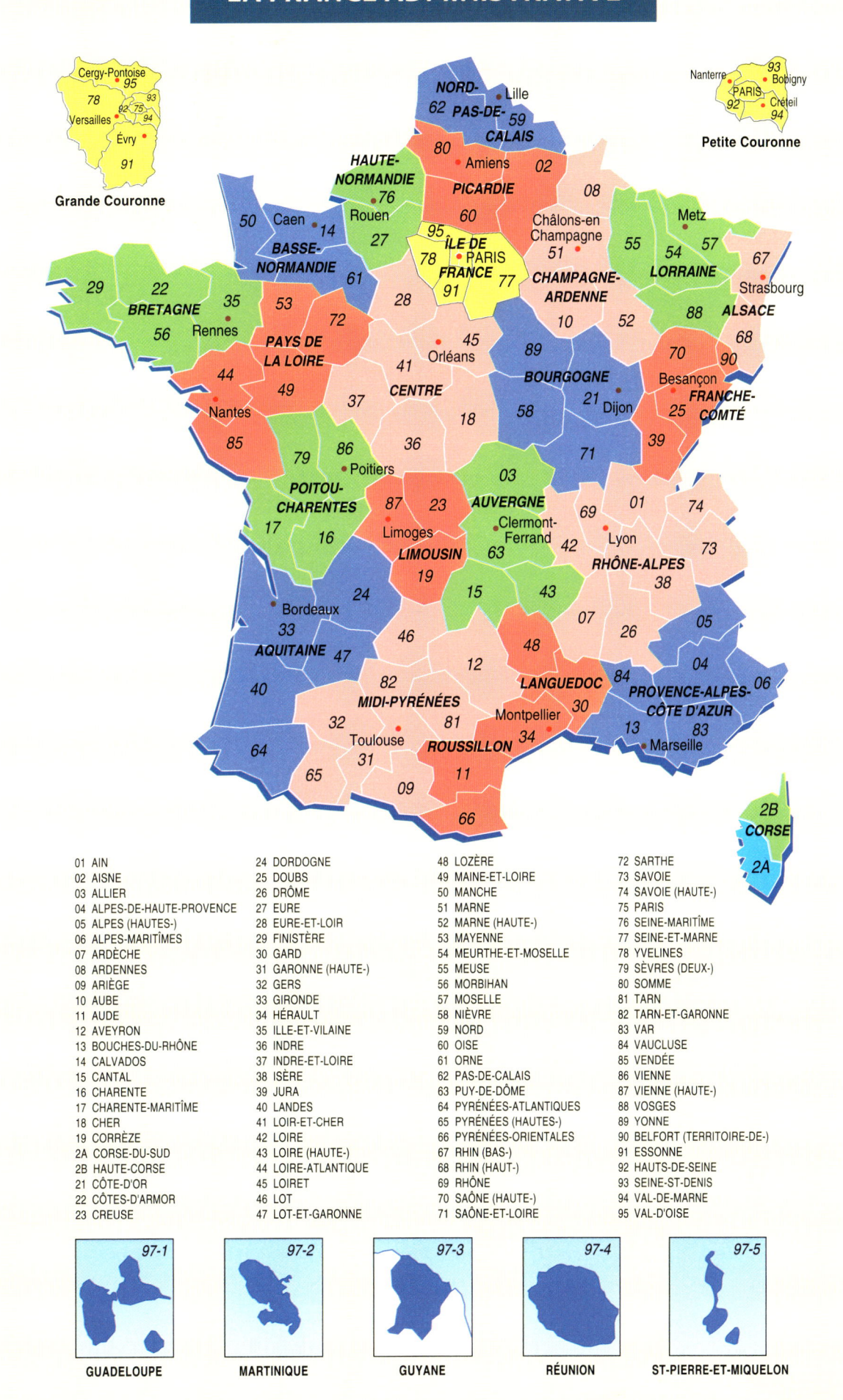

**Grande Couronne**: Cergy-Pontoise 95, Versailles 78, 92, 93, 75, 94, Évry 91

**Petite Couronne**: Nanterre 92, PARIS 75, Bobigny 93, Créteil 94

| | | | |
|---|---|---|---|
| 01 AIN | 24 DORDOGNE | 48 LOZÈRE | 72 SARTHE |
| 02 AISNE | 25 DOUBS | 49 MAINE-ET-LOIRE | 73 SAVOIE |
| 03 ALLIER | 26 DRÔME | 50 MANCHE | 74 SAVOIE (HAUTE-) |
| 04 ALPES-DE-HAUTE-PROVENCE | 27 EURE | 51 MARNE | 75 PARIS |
| 05 ALPES (HAUTES-) | 28 EURE-ET-LOIR | 52 MARNE (HAUTE-) | 76 SEINE-MARITIME |
| 06 ALPES-MARITIMES | 29 FINISTÈRE | 53 MAYENNE | 77 SEINE-ET-MARNE |
| 07 ARDÈCHE | 30 GARD | 54 MEURTHE-ET-MOSELLE | 78 YVELINES |
| 08 ARDENNES | 31 GARONNE (HAUTE-) | 55 MEUSE | 79 SÈVRES (DEUX-) |
| 09 ARIÈGE | 32 GERS | 56 MORBIHAN | 80 SOMME |
| 10 AUBE | 33 GIRONDE | 57 MOSELLE | 81 TARN |
| 11 AUDE | 34 HÉRAULT | 58 NIÈVRE | 82 TARN-ET-GARONNE |
| 12 AVEYRON | 35 ILLE-ET-VILAINE | 59 NORD | 83 VAR |
| 13 BOUCHES-DU-RHÔNE | 36 INDRE | 60 OISE | 84 VAUCLUSE |
| 14 CALVADOS | 37 INDRE-ET-LOIRE | 61 ORNE | 85 VENDÉE |
| 15 CANTAL | 38 ISÈRE | 62 PAS-DE-CALAIS | 86 VIENNE |
| 16 CHARENTE | 39 JURA | 63 PUY-DE-DÔME | 87 VIENNE (HAUTE-) |
| 17 CHARENTE-MARITIME | 40 LANDES | 64 PYRÉNÉES-ATLANTIQUES | 88 VOSGES |
| 18 CHER | 41 LOIR-ET-CHER | 65 PYRÉNÉES (HAUTES-) | 89 YONNE |
| 19 CORRÈZE | 42 LOIRE | 66 PYRÉNÉES-ORIENTALES | 90 BELFORT (TERRITOIRE-DE-) |
| 2A CORSE-DU-SUD | 43 LOIRE (HAUTE-) | 67 RHIN (BAS-) | 91 ESSONNE |
| 2B HAUTE-CORSE | 44 LOIRE-ATLANTIQUE | 68 RHIN (HAUT-) | 92 HAUTS-DE-SEINE |
| 21 CÔTE-D'OR | 45 LOIRET | 69 RHÔNE | 93 SEINE-ST-DENIS |
| 22 CÔTES-D'ARMOR | 46 LOT | 70 SAÔNE (HAUTE-) | 94 VAL-DE-MARNE |
| 23 CREUSE | 47 LOT-ET-GARONNE | 71 SAÔNE-ET-LOIRE | 95 VAL-D'OISE |

97-1 GUADELOUPE
97-2 MARTINIQUE
97-3 GUYANE
97-4 RÉUNION
97-5 ST-PIERRE-ET-MIQUELON

# L'EUROPE

**NORVÈGE**
Oslo

MER DU NORD

**DANEMARK**
Cop

**IRLANDE**
Dublin

**ROYAUME-UNI**
Londres

**PAYS-BAS**
Amsterdam

Berlin

**ALLEMAGNE**

**BELGIQUE**
Bruxelles

**LUXEMBOURG**

0 — 500 km

OCÉAN ATLANTIQUE

Paris

**FRANCE**

**SUISSE**
Berne

AU

Ljubj

**ITALIE**

**PORTUGAL**
Lisbonne

Madrid

**ESPAGNE**

MER

**MAROC**  **ALGÉRIE**  **TUNISIE**

134
cent trente-quatre

cent trente-cinq

# TABLEAU DES CONTENUS

|  | Oral | Écrit |
|---|---|---|
| **Unité 1**<br>**Bienvenue !**<br>p. 11 | Saluer<br>Se présenter<br>(nom, prénom, nationalité)<br>Faire connaissance<br>Accueillir<br>Proposer de l'aide, accepter ou refuser de l'aide | Remplir un formulaire |
| **Unité 2**<br>**Portrait de famille**<br>p. 19 | Se présenter (profession, âge, date et lieu de naissance)<br>Présenter quelqu'un<br>Parler de sa famille<br>Situer un événement ou une action dans le temps<br>Tutoyer / vouvoyer | Remplir un formulaire (suite)<br>Se servir d'un calendrier<br>Indiquer la date |
| **Unité 3**<br>**Combien ça coûte ?**<br>p. 27 | Demander un article<br>Demander / indiquer un prix<br>Parler des quantités<br>Faire répéter<br>Protester<br>Comparer<br>Excuser et s'excuser | Lire un dépliant publicitaire |
| **Unité 4**<br>**En ville**<br>p. 37 | Interpeller, attirer l'attention<br>Demander un renseignement<br>Expliquer un itinéraire<br>Localiser<br>Dire qu'on n'a pas le temps ou qu'on ne sait pas<br>Remercier et répondre aux remerciements | Se repérer sur un plan de ville<br>Lire des horaires d'ouverture<br>Libeller une enveloppe |
| **Unité 5**<br>**À louer**<br>p. 45 | Faire la visite d'un logement<br>Décrire<br>Donner une appréciation, porter un jugement<br>Exprimer une hésitation<br>Demander des informations | Lire une annonce<br>Remplir un bail et un état des lieux<br>Remplir un relevé EDF/GDF<br>Se repérer sur un plan d'évacuation |
| **Unité 6**<br>**Terminus !**<br>p. 53 | Acheter un titre de transport<br>Demander / indiquer l'heure<br>Donner un ordre | Lire un itinéraire et les horaires de transports en commun |

| Rythme et sons | Objectifs culturels | Portraits : objectifs |
|---|---|---|
| L'intonation montante interrogative – l'intonation descendante assertive<br>Masculin – Féminin :<br>les pronoms « il » - « elle »<br>les adjectifs de nationalités<br>Les nombres de 1 à 16 | Les gestes de salutation<br>Les emprunts linguistiques | **L'arrivée, les premiers souvenirs**<br>• Parler de son nom, son prénom, leur prononciation en français et éventuellement des effets produits, si des changements interviennent.<br>• Réfléchir à l'accentuation française, à la place de l'accent rythmique et à certains rapports sons/graphie (ou/u – a/e – ge/gé). |
| Le rythme et l'égalité syllabique<br>Les nombres de 17 à 31 | Les relations de parenté<br>Le mariage, le PACS...<br>Le calendrier<br>Les fêtes et les commémorations | • Évoquer un souvenir concernant son arrivée en France. Localiser dans le temps (où ?), dans l'espace (quand ?).<br>• Réfléchir au fonctionnement des transports en France (le soir, la nuit).<br>Ce point sera revu et complété à l'unité 6, dans le cadre des activités communicatives |
| L'intonation descendante impérative - l'intonation montante interrogative<br>Les voyelles /y/ « tu » et /u/ « vous »<br>Les nombres de 32 à 100 | Les habitudes alimentaires<br>Les lieux de consommation<br>Les courses<br>L'argent<br>Le tri sélectif | **L'installation, les premiers regards**<br>• Parler de ses lieux et espaces préférés (villes, quartiers, chez soi).<br>• Différencier et situer des événements présents/passés (en compréhension globale).<br>• Réfléchir sur le regard d'Astrid (touristique à son arrivée, enraciné aujourd'hui).<br>• Observer les expressions qui situent dans le temps (depuis, il y a).<br>• Les possessifs à valeur affective. |
| L'égalité syllabique<br>Les styles naturel et familier<br>Les voyelles /ə/ « je », « le » – /a/ « la » | Les noms de rue<br>La mairie<br>Les équipements municipaux | **Les lieux préférés et les changements observés**<br>• Se confronter à des points de vue sur le rythme de vie en France.<br>• Mobiliser des éléments vus précédemment concernant la localisation dans le temps.<br>• S'exprimer sur des aspects temporels de l'organisation des journées ; décrire des moments observés.<br>• Développer un regard distancié sur les faits **culturels** en évitant le recours aux stéréotypes. |
| Les voyelles nasales :<br>/ɛ̃/ « cinq » - /ɑ̃/ « cent » - /ɔ̃/ « onze »<br>La voyelle /ɛ/ « le » (masculin)<br>La voyelle /a/ « la » (féminin)<br>Le féminin des adjectifs | La recherche d'un logement<br>Les différents types de logements | • Dire son étonnement, donner son avis de façon simple, favorable ou défavorable.<br>• Observer et décrire des faits de société contemporains.<br>• Choisir des exemples adaptés pour étayer son avis.<br>• Réfléchir sur :<br>– les avis donnés : comment la même société peut être observée à travers des « lunettes » différentes ;<br>– le rôle des pompiers en France ;<br>– les formules et les intonations pour donner son avis. |
| La voyelle finale /e/ (la deuxième personne du pluriel des verbes)<br>La continuité<br>La prononciation des consonnes finales | Les transports en commun<br>Le civisme dans les transports (politesse et règles à respecter)<br>Les campagnes de sensibilisation<br>Les voyages en France et dans le monde | **L'apprentissage de la langue/culture**<br>• Raconter une anecdote personnelle et décrire la situation correspondante.<br>• Dédramatiser les malentendus liés à la communication.<br>• Réfléchir à ses erreurs les plus fréquentes (sonores, communicatives, écrites).<br>• Analyser les façons de résoudre/encaisser les malentendus de la communication quotidienne. |

# TABLEAU DES CONTENUS

| | Oral | Écrit |
|---|---|---|
| **Unité 7**<br>Chèque ou espèces ?<br>p. 63 | Ouvrir un compte en banque<br>Exprimer une volonté<br>Accepter / refuser<br>   (totalement ou en partie)<br>Exprimer une condition<br>Conseiller<br>Dire ce qu'on va faire<br>Proposer ses services | Lire et remplir un chèque<br>Comprendre les indications<br>   sur une boîte aux lettres |
| **Unité 8**<br>20 / 20<br>p. 71 | Demander des nouvelles<br>Fixer un rendez-vous<br>Demander et donner<br>   des explications<br>Féliciter | Lire un emploi du temps<br>   et un bulletin scolaire<br>Se servir d'un agenda<br>Comprendre une définition |
| **Unité 9**<br>Ça va ? Ça va !<br>p. 79 | Prendre un rendez-vous (suite)<br>Parler de son état physique<br>Questionner quelqu'un<br>   sur son état de santé<br>Comprendre les instructions<br>   d'un médecin<br>Exprimer la capacité | Se servir de l'annuaire<br>Comprendre un mode d'emploi,<br>   une notice d'utilisation<br>Écrire un mini-message |
| **Unité 10**<br>Bonne route !`<br>p. 89 | Dire qu'on est d'accord,<br>   qu'on n'est pas d'accord<br>Exprimer le mécontentement<br>   et l'exaspération<br>Mettre en garde<br>Interdire<br>Décrire une succession d'actions | Comprendre la signification<br>   des panneaux<br>Décoder les pictogrammes<br>Remplir un constat à l'amiable<br>Lire un fait divers |
| **Unité 11**<br>Quelle histoire !<br>p. 97 | Raconter une suite d'événements<br>Parler de ses loisirs, de ses goûts<br>Dire ce qu'on veut<br>   ou voudrait faire<br>Comprendre un bulletin météo | Lire un programme d'activités<br>Lire et écrire une carte postale<br>Situer sur une carte de France |
| **Unité 12**<br>Parlez-moi de vous !<br>p. 105 | Parler de soi<br>   professionnellement :<br>   de son parcours,<br>   de ses compétences<br>Demander des renseignements<br>   sur quelqu'un, sur un poste | Lire une offre d'emploi<br>Lire et écrire un CV |

| Rythme et sons | Objectifs culturels | Portraits : objectifs |
|---|---|---|
| Les voyelles /EU/ « veux » – /E/ « vais »<br>La marque du genre sur les articles indéfinis singulier « un » – « une » devant consonne<br>La voyelle /ə/ « je » | Les services bancaires<br>L'Euro<br>La Poste, courrier et timbres<br>Les régions de France et leurs spécificités | • Réfléchir aux modes d'apprentissage d'une langue à l'âge adulte.<br>• Valoriser les apprentissages informels et faire évoluer les représentations sur l'apprentissage du français.<br>• Réfléchir sur :<br>– l'importance de regarder la télévision et d'écouter la radio (en direct et sur Internet) ;<br>– les stratégies de chacun, les « trucs » à chercher pour améliorer son apprentissage ;<br>– le rapport à l'erreur et aux autres. |
| Les consonnes : /z/ de liaison « ils ont » - /s/ « ils sont »<br>La place de l'accent rythmique<br>Les voyelles :<br>  /ə/ « le » (singulier)<br>  /E/ « les » (pluriel) | La scolarité en France | **L'adaptation, les changements et l'intégration**<br>• Réfléchir aux processus d'intégration, aux adaptations à la nouvelle société et en parler.<br>• Raconter en décrivant et en comparant.<br>• Situer des événements au passé.<br>• Réfléchir sur :<br>– la cohérence entre le moment où se situe son discours et les temps du passé qui situent les événements correspondants (au début/avant/à mon arrivée) ;<br>– le rapport individuel aux changements : chacun décide (le choix lui appartient) mais certaines situations exigent une adaptation (climat, fonctionnements). |
| L'intonation descendante des assertions<br>la désaccentuation<br>Les voyelles /ə/ « je » - /EU/ « peux »<br>L'alphabet | Les premiers secours<br>Les numéros d'urgence<br>La carte Vitale | • Réfléchir aux processus d'intégration, aux adaptations à la nouvelle société et en parler.<br>• Raconter en décrivant et en comparant.<br>• Situer des événements au passé.<br>• Réfléchir sur :<br>– le monde associatif, le fonctionnement et l'accès aux droits, les adultes-relais et les médiateurs chargés de faciliter l'intégration des migrants en France ;<br>– le processus d'intégration, l'évolution du regard sur la société d'accueil et sur les situations vécues au quotidien. |
| Les voyelles /y/ « tu », /u/ « vous »<br>Les semi-consonnes : /h/ « suis », /w/ « voiture », « oui »<br>Les consonnes occlusives finales : /t/ « arrête » – /p/ « stop » | Le code de la route<br>Le permis de conduire<br>La sécurité routière | **Le recul**<br>• Prendre du recul par rapport à son parcours d'intégration et en parler.<br>• Prendre conscience de son enracinement et de son rapport à l'espace.<br>• Intégrer la notion de « chez soi » au sens propre et au sens symbolique.<br>• Réfléchir sur les ressemblances entre certains lieux français et de son pays d'origine. |
| Les voyelles nasales :<br>/ã/ « cent » - /õ/ « onze »<br>Le /R/<br>La semi-consonne /J/ « fille » | Les vacances<br>Les loisirs<br>Les régions de France (suite)<br>La météo | • Prendre du recul par rapport à son parcours d'intégration et en parler.<br>• Approfondir des notions abordées précédemment concernant le changement.<br>• Développer le passage à l'abstraction et à l'analyse.<br>• Repérer du sens et des mots au sein des enchaînements vocaliques.<br>• Réfléchir sur :<br>– la notion d'ouverture et faire donner des exemples ; être à l'écoute des différences ;<br>– l'enchaînement vocalique en français : le besoin d'une écoute soutenue sans faire appel à l'écrit mais au rythme et aux indices du contexte. |
| Féminin des noms et des adjectifs : la dénasalisation<br>Le masculin /e/ (/R/ non prononcé)<br>Masculin - Féminin : les syllabes finales :<br>/-EUR/ « serveur » – /-øz/ « serveuse » | La recherche d'emploi<br>L'entretien d'embauche<br>Les agences pour l'emploi et les organismes de formation | • Prendre du recul par rapport à son parcours d'intégration et en parler.<br>• Comprendre et formuler un conseil.<br>• Exprimer son accord ou son désaccord et le justifier.<br>• Réfléchir sur :<br>– les modalités utilisées pour chaque conseil, et les nuances et les gradations allant du conseil à l'ordre ;<br>– la notion de préjugé : faire émerger des exemples de situations rencontrées par les apprenants où « ils imaginaient que… ». |

cent trente-neuf 139

# Notes

# Notes

*Unité*

Crédits photographiques: Pages 7, 8, 9: Lucas Schiffre. Nous remercions le centre CETEC A2F pour nous avoir prêté aimablement leurs locaux; 11: Corbis Sygma/Jean-Pierre Laffont; 14: hg: ph © Yann MAMBERT/CIT'images; hd: ph © Stephane AUDRAS/REA; bg: Getty Images/Skip Nall; bd: Corbis/Royalty-Free; 17: hg: Corbis/Tom & Dee Ann Mc Carthy; mh: Corbis/Royalty-free; hd: Getty images/Image Bank/Black Little; mdh: Corbis/Jon Feingersh; bg: Corbis/Tom & Dee Ann Mc Carthy; bd: Corbis/Rolf Bruderer; 18: h: Olivier Ploton © Archives Larbor: m: Corbis/José Luis Pelaez Inc.; b: Corbis/Franco Vogt; 19: « Paris, Port de l'Arsenal » Pierre Vuillemenet, 24 ans, décorateur © Un jour en France, Ed. du Chêne, 1989; 22: hg: Getty Images/Image Bank/G.D.T; hd: Corbis/Thomas Schweizer; bg: Corbis/Tom & Dee Ann Mc Carthy; bd: Réa/Stéphane Audras; 24: hg: Getty Images/Stone/Bob Thomas; hd: Hoa Qui/Zefa/G. Baden; bg: Corbis/Royalty-Free; bd: Corbis/Mark E. Gibson; 25: h: Corbis/Charles & Josette Lenars; hg: AFP/Jean-Pierre Muller; m: Getty Images/Image Bank/Inc. G & J Images; hd: Photononstop/Serge Bonnin; bg: © Federation Nationale des Cinémas Français; bd: © Mairie de Villetaneuse; 26: h: Hoa Qui/Gilles Martin-Raget; m: Réa/Gilles Rolle; b: Hoa Qui/Alfred Wolf; 27: Urba Images/M. Castro; 29: Olivier Ploton © Archives Larbor; 30: hg: Réa/Richard Jones; hd: Réa/Ludovic; bg: Réa/Expansion/H. de Oliveira; bd: Réa/Pascal Sittler; 31: Olivier Ploton © Archives Larbor.;: Olivier Ploton © Archives Larbor; 33: © Mairie de Paris; 34: h: Hoa Qui/Michel Renaudeau; m et b: Olivier Ploton © Archives Larbor; 37: « La Fresque des Lyonnais » Sise angle rue de la Martinière et Quai St-Vincent – Lyon 1° © Cité de la Création. Photo: Claude Fezoui; 40: hg: Réa/Benoit Decout; hd: Getty Images/Stone/Dave Krieger; bg:: Olivier Ploton © Archives Larbor; bd: Urba Images/Jean-Claude Pattacini; 41: g: Corbis/Art on File « Fontaine Igor Stravinsky » de Niki Saint-Phalle et Jean Tinguely © Adagp, Paris 2004; m: Hoa Qui/Buss Wojtek Quartier Antigone Montpellier, Architecte: Ricardo Bofill; d: Rapho/Gérard Sioen « Vitrail de la cathédrale St-Etienne » de Marc Chagall, Metz © Adagp, Paris 2004; 43: © Mairie de Paris/Jordane Blachas; hd: © Mairie de Paris/Henri Garat; Olivier Ploton © Archives Larbor.; 44: h: Scope/Noêl Hautemanière; m: Photononstop/Olivier Nicola; b: Hoa Qui/Fred Thomas; 45: Akg Paris/Erich Lessing « La Chambre à Arles, 1889 » Vincent Van Gogh Musée d'Orsay, Paris; 47: de gauche à droite: Urba Images/Gile; Urba Images/F. Achdou; Réa/Pierre Bessard; Urba Images/S. Reggiardo; 48: hg: Réa/Marta Nascimento; hd, bg: Réa/Richard Damoret; bd: ph © Michel GAILLARD/REA; 51: EDF. Médiathèque/Gilles Larvor; 52: h: Urba Images/F. Achdou; m: Réa/Denis; b: Corbis/Rick Gomez; 53: Réa/Gilles Rolle; 55: pass Navigo: DR; 56: hg: Photo Alto/Eric Audras; hd: ph © Stephane LAGOUTTE/Challenges-REA; bg: Getty Images/Taxi/David Lees; bd: Photononstop/Jacques Loïc; 58: h: Réa/Sébastien Ortola; bg: Réa/Expansion/De Oliveira; bd et md: R.A.T.P/Jean-François Mauboussin.; 59: hg: © Mairie de Paris; mh: Olivier Ploton © Archives Larbor; hd: R.A.T.P/Joêl Thibault; md: R.A.T.P/Denis Sutton: bg, bd: © Inpes; 60: h: Photononstop/François Gonin; m: Corbis/Yann-Arthus-Bertrand; b: Corbis/Royalty-Free.; 63: Getty Images/Photodisc Collection; 66: hg: Réa/Jan Hanning; hd: Réa/Pierre Gluzes; bg: Réa/Paul Sittler; bd: Réa/Reporters/Michel Clajot; 67: Réa/Frédéric Maigrot; 68: Olivier Ploton © Archives Larbor; 69: Olivier Ploton © Archives Larbor; 70: h: Réa/Marta Nascimento; m: Olivier Ploton © Archives Larbor; b: Réa/Benoit Decout; 71: Réa/Michel Benichou.; 74: hg: Corbis/Duomo; hd: Corbis/Royalty-Free: bg: Olivier Ploton © Archives Larbor; bd: Corbis/David Raymer; 78: h: Réa/Patrick Allard; m: Olivier Ploton © Archives Larbor; b: Hoa Qui/Emmanuel Valentin; 79: Bsip/Marka Benzi; 82: hg: Urba Images/F. Achdou; hd: Photononstop/Joël Damase « Thermalisme à Chatelguyon »; bg: Bsip/Best/Laurent; bd: Réa: Patrick Allard; 84: m et b (dessins): Bsip/Estiot; bg: Afp/Eric Feferberg; bm: Afp/François Anardin; bd: Corbis/Papilio/Brian Knox; 85: hg et m: Olivier Ploton © Archives Larbor; hd: Réa/Richard Damoret; 86: h: Olivier Ploton © Archives Larbor; m: Réa/Pierre Bessard; b: Réa/Cyril Delettre; 89: Collection Christophe L « Trafic » de Jacques Tati, 1971; 92: hg: ph © Sylvain THOMAS/REA; hd: Réa/Daniel Joubert; bg: Réa/Daniel Joubert; bd: Réa/Georges Bartoli; 93: ph © FANNY/REA; Bernard Asset; 95: Photos D.S.C.R/Campagne Vitesse 2003 de la Sécurité Routière; 96: h: Corbis/José Luis Pelaez inc.; m: Réa/Reporters/Jock Fistick; b: Réa/François Henry; 97: Hoa Qui/Age/Chad Ehlers; 100: hg: © Engel & Gielen/Look/Photononstop; hd: Urba Images/H. Chauvet; bg: Réa/Gilles Rolle; bd: Réa/Paul Sittler; 102: h: Hoa Qui/Age/Kendra Knight; m: Hoa Qui/Michel Troncy; b: Hoa Qui/Age/Jean Carter; 104: ph © william87/Fotolia; m: Réa/Reporters/David Fistick; b: Réa/Ludovic; 105: ph © A. Chederros/Onoky / Photononstop; 108: hg: ph © Patrick ALLARD/REA; hd: Ludovic/REA; bg: ph © Ian HANNING/REA; bd: Getty Images/Image Bank/Britt Erlanson.; 110: de gauche à droite: © Mission Locale Toulouse; © Pôle Emploi; © Afpa; 112: h: Olivier Ploton © Archives Larbor; m: Réa/Ludovic; b: Hoa Qui/Age Fotostock/Yorklight.

**Couverture:** ph © Yuri Arcurs/Fotolia